QUE SAIS-JE ?

L'économie des services

FRANÇOIS ECALLE

Ancien élève de l'Ecole Centrale des Arts et Manufactures
et de l'Ecole Nationale d'Administration

ISBN 2 13 042828 2

Dépôt légal — 1re édition : 1989, octobre

© Presses Universitaires de France, 1989
108, boulevard Saint-Germain, 75006 Paris

INTRODUCTION

Les économies dites « industrielles » sont désormais des économies de services. Ceux-ci y représentent près des deux tiers de l'emploi et de la valeur ajoutée.

Pourtant, en dépit des travaux de pionniers tels que C. Clark, A. Fisher et D. Bell aux Etats-Unis ou J. Fourastié en France, les activités de services ont longtemps été méconnues, voire dédaignées, par les économistes. A la suite de A. Smith et K. Marx, théoriciens et praticiens de la politique économique ont considéré le tertiaire, assimilé au secteur « abrité », comme étant improductif et parasitaire, donc indigne de leur attention.

Cet état d'esprit a profondément changé depuis quelques années à partir de la prise de conscience des données suivantes : seuls les services peuvent créer des emplois en nombre suffisant pour résoudre, ou limiter, le problème du chômage ; le secteur tertiaire n'est souvent « abrité » que par des réglementations qui pourraient être remises en cause dans le cadre d'un processus de libéralisation des échanges internationaux de services affectant notamment l'Europe à travers la mise en place du grand marché intérieur ; l'offre de services différenciés et adaptés à la demande est un élément essentiel de la compétitivité des entreprises quel que soit leur champ d'activité.

Il en est résulté, au cours de ces dernières années, une multiplication des études sur les services et un accroissement de l'intérêt porté pour ce sujet par les hommes politiques et les médias. Cet ouvrage a pour objet de présenter une synthèse de ces travaux en privilégiant les thèmes centraux pour la réflexion sur la politique économique que sont les créations d'emplois dans le secteur tertiaire ainsi que l'internationalisation et la déréglementation des activités de services. Le deuxième thème est aussi, de manière évidente, une source d'interrogations fondamentales pour les responsables de la stratégie des sociétés de services.

L'absence de données statistiques sur les services a pendant longtemps été considérée par les économistes comme un obstacle à des investigations pertinentes. La situation a aussi changé dans ce domaine. L'INSEE a fourni un effort remarquable pour doter la France d'un système d'informations sur les services qui, s'il n'est évidemment pas parfait, suffit largement dans bien des cas.

A l'étranger, seuls les Etats-Unis fournissent des données statistiques aussi nombreuses et précises. Les informations accessibles sans trop de difficultés dans d'autres pays sont moins détaillées et permettent plus difficilement des comparaisons internationales.

Ce constat explique que les exemples donnés dans cet ouvrage concerneront le plus souvent la France et les Etats-Unis. Fort heureusement, le rapprochement entre ces deux pays est sans doute le plus intéressant à faire dans la mesure où les services ont été, aux Etats-Unis, à l'origine de créations d'emplois particulièrement nombreuses et le champ d'une déréglementation de grande ampleur.

Toute synthèse sur l'économie des services peut enfin être considérée comme impossible en raison de l'extrême hétérogénéité du secteur tertiaire. L'argument est valable. Qu'y a-t-il de commun entre les services de coiffure et de télécommunications ? Mais, il pourrait être autant appliqué à l'industrie ou à l'agriculture. Qu'y a-t-il de commun entre la confection artisanale et les complexes pétrochimiques ou entre les exploitations de quelques arpents de vigne et de centaines d'hectares de céréales ?

Il reste cependant que certains problèmes sont communs à la plupart des services et peuvent être analysés de la même façon. C'est notamment le cas des principaux thèmes traités dans cet ouvrage, à savoir le développement de l'emploi dans les services ainsi que les effets d'une déréglementation et d'une internationalisation de ces activités.

Chapitre Premier

LA TERTIARISATION
DES ÉCONOMIES INDUSTRIELLES

I. — Définition et classifications

Les termes « services », « tertiaire » ou « secteur tertiaire » peuvent avoir deux acceptions différentes : d'une part, l'ensemble des « métiers tertiaires » (comptables, secrétaires, vendeurs par exemple), qu'ils soient exercés dans des sociétés de services (banques, compagnies aériennes...) ou dans des entreprises industrielles ou agricoles ; d'autre part, l'ensemble des unités de production (entreprises ou établissements) statistiquement isolables dont l'activité principale consiste à offrir un service. Ce deuxième sens correspond à la notion statistique de branche.

Parce que les informations statistiques sur les branches d'activités sont beaucoup plus riches, en particulier celles qui sont issues des systèmes de comptabilité nationale, on retiendra cette seconde définition, sauf dans la partie sur les échanges internationaux de services qui concernent aussi les activités de services des entreprises industrielles.

Il reste à définir ce qu'est un service. Il est généralement admis qu'il s'agit d'activités dont le résultat est immatériel et donc non stockable. Bien que ce soit sans doute la définition la plus acceptable, elle n'est pas dénuée d'ambiguïtés. La restauration, par exemple, est considérée comme un service alors qu'elle pourrait être analysée comme une étape supplémentaire dans le processus de transformation des produits agro-alimentaires eux-mêmes tout à fait matériels.

Faute de pouvoir distinguer précisément les services par une caractéristique véritablement commune, on est contraint d'adopter une définition négative. Le tertiaire est constitué par l'ensemble des branches qui ne relèvent ni de l'agriculture, ni de l'extraction des matières premières, ni de la construction, ni de l'industrie. Ce sont les activités non comprises dans les secteurs primaires et secondaires (en toute rigueur statistique l'utilisation du mot secteur dans les expressions usuelles « secteurs primaires, secondaires, tertiaires » est inadéquate puisqu'il s'agit de branches). C. Clark et A. Fischer ont défini de cette manière le tertiaire qu'ils ont été les premiers à étudier. Une telle définition en extension des activités de services montre bien qu'il s'agit d'une catégorie hétérogène et que les analyses globales qui pourront être présentées seront nécessairement plus ou moins réductrices.

II. — Le poids des services dans les économies industrielles

1. **Présentation générale.** — Les services représentent, en 1987, 63,7 % de l'emploi total et 59,3 % de la valeur ajoutée en France (hors locations immobilières). La valeur ajoutée des services est souvent difficile à mesurer pour des raisons aussi bien théoriques que pratiques. La proportion des effectifs totaux sera donc par la suite l'indicateur privilégié de la tertiarisation des économies industrielles.

Au sein de l'OCDE, plusieurs pays ont enregistré un développement des services plus important qu'en

France. C'est notamment le cas des Etats-Unis (74 % de l'emploi total) et du Canada (70 %) qui sont en tête dans ce domaine. Mais les pays d'Europe du Nord, RFA exceptée, ont aussi des taux de tertiarisation supérieurs à celui de la France. A l'inverse, l'Allemagne de l'Ouest (54 %), le Japon (58 %) et la plupart des pays d'Europe du Sud (Italie 57 %) sont moins marqués par ce phénomène.

TABLEAU 1. — **Le poids des services dans l'emploi total** (en %)

	1973	1985
Etats-Unis	63	69
Canada	62	70
Suède	53	66
Norvège	52	66
Pays-Bas	56	67
Grande-Bretagne	53	66
France	49	61
Japon	47	57
Italie	42	56
Autriche	43	53
RFA	45	54
Espagne	41	52

Source : OCDE, Les statistiques américaines donnent un poids des services supérieur aux Etats-Unis (73 % en 1985).

La tertiarisation de nos sociétés est très ancienne et a accompagné le développement économique depuis ses origines. Sans remonter aussi loin dans le temps, le tableau 1 permet de constater que ce phénomène a été très sensible dans tous les pays de l'OCDE au cours de ces quinze dernières années. On peut aussi noter que les degrés de tertiarisation tendent au rapprochement, les autres pays rattrapant les Etats-Unis et le Canada. Mais, contrairement à une idée reçue avancée par les premiers économistes qui se sont intéressés aux services, il n'y a pas de corrélation évidente entre l'importance des services et le degré de développement d'un pays mesuré par le revenu ou le PIB par habitant. Le poids du tertiaire augmente avec le temps et la croissance économique dans tous les pays mais à un rythme variable. Ce mouvement de tertiarisation de nos sociétés n'est pas prêt de s'arrêter. Toutes les études prospectives concluent à un accroissement de la part des services dans l'emploi total. La seconde partie de cet ouvrage permettra de comprendre pourquoi.

2. **Analyse sectorielle.** — Le tableau 2 permet d'apprécier l'importance, en termes d'emplois, des différentes branches qui composent le tertiaire. Les services non marchands apparaissent comme la principale d'entre elles. Il faut noter que de nombreux services de santé y sont inclus (la partie non marchande de ces services) et y représentent 4,8 % de l'emploi total. Avec plus de 12 % de la population occupée, le commerce, en particulier le commerce de détail, a aussi une place essentielle dans la structure des emplois en France.

Les comparaisons internationales sont difficiles dans la mesure où les nomenclatures diffèrent. La frontière entre les activités marchandes et non marchandes n'est souvent pas située au même endroit d'un pays à l'autre. La France paraît toutefois atypique dans deux domaines quand on la compare aux Etats-Unis, à la Grande-Bretagne, au Japon et à la RFA. Les services non marchands hors santé y semblent surdéveloppés alors que le poids de l'hôtellerie-restauration y est plutôt faible. Les hôtels-cafés-restaurants représentent 3,2 % des effectifs totaux en France et la seule restauration 5,4 % aux Etats-Unis.

TABLEAU 2. — **Répartition de l'emploi par branches en France** (en %)

	1970	1980	1987
Commerce	11,6	12,1	12,4
Transports	3,4	3,5	3,8
PTT	1,6	1,9	2,0
Réparation et commerce de l'automobile	1,7	1,9	1,8
Hôtels-cafés-restaurants	2,6	2,7	3,2
Autres services aux ménages [1]	3,4	4,6	5,3
Autres services aux entreprises [2]	4,0	5,9	6,7
Assurances	0,5	0,6	0,7
Services financiers	1,3	1,9	2,1
Services non marchands	18,6	21,9	25,5
(dont hôpitaux publics)	(2,1)	(4,1)	(4,8)
Total des services	48,8	57,1	63,7

[1] Coiffeurs, loisirs, santé privée...
[2] Conseil et études, publicité, intérim (de 0,5 à 1 %)...

Source : Comptes nationaux.

Toutes les branches du tertiaire n'ont pas connu une très forte croissance de leurs effectifs et le poids de certaines dans l'emploi total n'a augmenté que légèrement, voire diminué. C'est notamment le cas de services « traditionnels » comme la réparation des automobiles ou quelques services aux particuliers (blanchissage...). Ce sont d'abord les services non marchands qui ont vu leur importance croître fortement ce qui est imputable pour beaucoup à la santé. Cette dernière activité, sous ses formes marchandes (médecine privée), a aussi contribué au renforcement des services divers aux ménages. Il faut aussi souligner la croissance rapide des services divers aux entreprises ainsi que celle des transports et services financiers qui tiennent, comme on le verra, à des mécanismes semblables. Enfin on peut noter l'augmentation du poids des hôtels-cafés-restaurants depuis 1980.

La comparaison de la France et de ses principaux partenaires montre que les activités les plus dynamiques sont partout les mêmes : services aux entreprises, santé, restauration et services financiers. Il en est de même des plus inertes : commerce et services divers rendus aux particuliers, tansports et télécommunications. Les Etats-Unis se singularisent toutefois par un développement particulièrement rapide des services aux entreprises dont la part de l'emploi total a été multipliée par 2,5 en quinze ans. La France se distingue par une croissance de l'importance relative de l'hôtellerie-restauration plus faible que dans d'autres pays.

Chapitre II

L'EMPLOI DANS LES SERVICES

I. — Les créations d'emplois

1. **La mesure du phénomène.** — L'augmentation du poids du secteur tertiaire dans l'emploi total reflète une croissance plus rapide des effectifs dans les services. En France, celle-ci a permis dans les années soixante-dix de compenser les pertes d'emplois des autres secteurs. Elle n'a pas suffi pour assurer cette compensation à partir du début des années quatre-vingts, en particulier entre 1982 et 1985. Le tableau 3 permet d'appréhender ce mouvement.

Dans tous les pays développés, les services constituent depuis le premier choc pétrolier la principale, voire l'unique, source d'emplois nouveaux. Il est donc certain qu'ils doivent désormais se trouver au centre des réflexions sur la politique économique.

Le cas des Etats-Unis est particulièrement remarquable. Depuis le début des années soixante-dix, ils créent des emplois dans le tertiaire à un rythme moyen à peine inférieur à 2 millions par an. Comme les effectifs industriels y ont continué à croître légèrement au cours de cette période, c'est à peu près au même rythme qu'y augmente l'emploi total, tous secteurs confondus. La baisse du taux de chômage jusqu'à 6 % à la fin des années quatre-vingts en est la principale conséquence.

TABLEAU 3. — **La croissance de l'emploi dans les services en France**

Branche	Taux de croissance annuel moyen des effectifs en %		Nombre moyen d'emplois créés en milliers par année	
	1980-1970	1987-1980	1980-1970	1987-1980
Commerce	0,8	0,1	21,2	3,3
Transports et télé-communications	1,1	0,8	12,7	9,1
Réparation et commerce de l'automobile	1,6	— 1,0	6,3	— 4,0
Hôtels-cafés-restaurants	0,7	2,5	3,8	15,4
Services divers aux entreprises	4,5	1,5	46,3	21,0
Services divers aux ménages	3,6	1,8	29,8	19,0
Assurances	3,0	1,7	3,6	2,4
Services financiers	4,2	0,9	13,9	3,9
Services non marchands	2,1	1,9	89,5	98,4
Total tertiaire	2,0	1,3	227,1	168,6
Total toutes branches	0,4	— 0,3	94,7	— 57,1

Source : Comptes nationaux.

TABLEAU 4. — **La croissance de l'emploi dans les services dans divers pays**

Pays	France	Etats-Unis	RFA	Grande-Bretagne	Japon	Italie
Taux de croissance annuel moyen de 1973 à 1987 en %	1,7	2,8	1,1	1,5	2,0	2,7
Nombre d'emplois créés en millions de 1973 à 1987	2,7	25,2	1,9	3,1	8,3	3,6

Source : OCDE.

Mais l'ampleur de ces créations d'emplois doit être rapportée à l'échelle de chacun de ces pays et c'est le taux de croissance de ces effectifs qui est l'indicateur le plus intéressant de leur dynamisme. L'exemple des Etats-Unis, suivis d'assez près par l'Italie, tranche avec celui de la France, de la RFA ou de la Grande-Bretagne. Entre la France et les Etats-Unis il y a un écart moyen de 1,2 point de leur taux de croissance de l'emploi dans le tertiaire. A l'échelle de la France cela représente 150 000 emplois par an.

La « vieille Europe » (France, Grande-Bretagne, RFA) n'arrive pas à maintenir le niveau de son emploi total alors que d'autres pays réussissent à le relever. Les mécanismes à l'origine de ces divergences ne peuvent pas laisser indifférents.

2. **La nature des emplois créés.** — Le « miracle » américain a rapidement suscité aux Etats-Unis quelques doutes sur son exemplarité : les emplois ainsi créés sont-ils de « bons emplois » et non des emplois « au rabais » tels que gardiens d'immeubles ou serveurs de restaurants ? Ce débat est apparu un peu plus tard en France lorsque des études économiques ont conseillé, et des mesures de politique économique encouragé, la création d'emplois tertiaires qualifiés de « petits boulots ». La question mérite donc d'être approfondie. Elle peut être abordée sous trois angles différents : les branches où sont créés les nouveaux emplois, les rémunérations attachées à ces emplois et les métiers concernés.

A) *L'approche sectorielle.* — Au cours des années 1970 à 1988, 28 % des emplois créés aux Etats-Unis l'ont été dans le commerce dont 9 % dans la seule restauration (incluse dans le commerce de détail aux Etats-Unis). Les commentateurs ont ainsi pu ironiser sur la reconversion de ce pays du *big steel* au *big mac* alors que, dans le même temps, les industries et services mettant en œuvre des technologies de pointe représentaient à peine 15 % des emplois nouveaux en prenant une définition large des hautes technologies.

Il est clair que les services traditionnels sont de gros pourvoyeurs d'emplois nouveaux. Mais cela résulte essentiellement d'une sorte d'effet d'inertie. Avec 17 millions d'emplois en 1970, le commerce américain pouvait créer 450 000 emplois par an dès le début des années soixante-dix avec un taux de croissance des effectifs de 2,7 % par an. Or, il a effectivement enregistré depuis 1970 ce rythme de croissance qui est identique à celui de l'ensemble de l'économie américaine. Le commerce ne s'est donc pas en fait montré plus dynamique que les autres activités. Ce qui importe vraiment, c'est-à-dire ce qui contribue à modifier la structure de l'emploi par branche, c'est le taux de croissance de l'emploi.

Or, ce taux de croissance, c'est dans les services « nobles » qu'il est le plus élevé : les services aux entreprises (de 6 à 7 % par an en moyenne avec des rythmes encore plus soutenus pour les services informatiques, juridiques, de conseil en gestion...) mais aussi les services financiers et les services de santé. Si l'on met à part la restauration qui, au sein du commerce, connaît un développement particulièrement rapide, le taux de croissance des effectifs dans les services traditionnels (commerce, services aux ménages divers, services non marchands) est beaucoup plus faible.

Les mêmes constatations peuvent être faites à propos de la France ou d'autres pays développés. Dans le cas français cela conduit à la déformation de la structure des emplois donnée par le tableau 2 qui profite surtout aux services non marchands, aux services de santé (inclus dans les services non marchands et les services aux ménages) aux services divers aux entreprises et à la restauration.

Le cas de la restauration étant mis à part, il n'apparaît donc pas que la tertiarisation signifie un accroissement de la part des services les moins qualifiés. Mais cette approche n'est pas tout à fait satisfaisante. Les services non marchands ou de santé rassemblent des personnes qualifiées et bien payées et d'autres qui sont beaucoup moins qualifiées et rémunérées. Un secteur *a priori* « traditionnel » comme le commerce de gros, met en œuvre des technologies de plus en plus sophistiquées (en robotique et télématique).

B) *L'approche par les rémunérations*. — Les économistes américains se sont attachés depuis quelques années à classer les secteurs selon le niveau de rémunération et le taux de croissance des effectifs. Certains d'entre eux ont mis en évidence une forte progression des effectifs dans les activités soit les mieux payées, soit au contraire, les moins bien rémunérées. Ce sont les activités intermédiaires qui auraient connu la plus faible croissance. Or, les salaires les plus hauts et les plus bas se trouvent plutôt dans les services (conseil aux entreprises d'un côté et restauration de l'autre) alors que les salaires moyens sont plutôt ceux des industries traditionnelles en déclin. On a pu en déduire que la tertiarisation de la société américaine s'accompagnait de la formation d'une société duale où les revenus sont regroupés autour de deux pôles extrêmes.

Cette thèse est loin de faire l'unanimité. D'autres travaux remettent en cause cette idée d'une tendance à la bipolarisation des rémunérations. Le caractère contradictoire des résultats obtenus tient surtout à l'absence de consensus sur la méthodologie à adopter.

Les modes de classification ou les périodes de référence peuvent ainsi être très différents. Il est sûr que l'éventail des salaires a été considérablement élargi aux Etats-Unis. Ce n'est pas pour autant que les rémunérations moyennes sont en voie de disparition.

Les analyses de ce type n'ont pas été développées autant en France. Elles se heurtent, de toute façon, aux mêmes difficultés méthodologiques et ne permettent pas de conclure à une éventuelle bipolarisation des revenus. Elles montrent, en revanche, que la dispersion des rémunérations autour de la moyenne a plutôt été réduite, contrairement à ce qui s'est passé aux Etats-Unis.

C) *L'approche par les métiers*. — C'est encore aux Etats-Unis que l'étude de la structure par métiers de la population a été la plus fouillée. La plupart des travaux reposent sur la répartition des effectifs de chaque branche par métiers fournie par le Bureau of Labor Statistics lequel se livre régulièrement à des projections de ces données à un horizon de douze ans. Il ressort de ces statistiques que les métiers les plus créateurs d'emplois sont, et devraient rester à moyen terme, les caissières, les gardiens d'immeubles ou les serveurs de restaurants. D'aucuns en ont rapidement conclu que les services ne pouvaient créer que des emplois sous-qualifiés. En France ils sont devenus les « petits boulots ».

Mais, comme pour l'approche sectorielle, cette appréciation négative résulte largement d'un « effet d'inertie » statistique. Le nombre de gardiens d'immeubles devrait augmenter de 40 000 par an de 1984 à 1995 mais comme ils étaient déjà près de 2 millions en 1984, il leur suffit pour cela d'avoir un taux de croissance modéré pour les Etats-Unis. Inversement, les professions juridiques devraient s'accroître au rythme de 9 % par an mais, partant d'un effectif beaucoup plus restreint, elles ne pourront créer que 5 000 emplois par an.

Là encore, c'est le taux de croissance qu'il faut regarder et les métiers les plus dynamiques sont généralement plutôt qualifiés. Il en découle une modification de la structure de la population occupée par catégories socioprofessionnelles au profit des cadres, des chefs d'entreprises, des professions libérales, des techniciens et au détriment des agriculteurs, des employés de bureau et des ouvriers non qualifiés.

Le même phénomène peut être observé en France. De 1969 à 1985 les métiers de services sont passés de 33 % à 46 % de la population salariée. Dans le même temps, la part des ouvriers et employés non qualifiés a baissé de 33 % à 24 % alors que celle des ingénieurs, techniciens et cadres a monté de 20 à 27 %. En fait, de nombreuses activités de services emploient une main-d'œuvre très qualifiée. En RFA, la part des emplois non qualifiés est plus élevée dans l'industrie que dans les services, à l'exception des plus « traditionnels » parmi ceux-ci (restauration, nettoyage... soit à peine 10 % du tertiaire).

Il apparaît donc que la tertiarisation de nos sociétés ne s'accompagne pas d'une dévalorisation des emplois. Mais il reste que par un « effet d'inertie » les gros pourvoyeurs d'emplois resteront encore longtemps pour beaucoup les services traditionnels comme la restauration ou des métiers peu qualifiés comme celui de caissière de supermarchés. Il n'est d'ailleurs pas toujours évident que les programmes de formation en tiennent compte.

II. — Les facteurs déterminants

1. La consommation finale.

A) *Les coefficients budgétaires*. — Au XIXᵉ siècle, Engel avait observé que plus les revenus des ménages étaient élevés, plus la part de l'alimentation était faible dans le total de leur consommation. Ses successeurs ont extrapolé ce résultat et affirmé que la part des services, considérée comme des dépenses accessoires, dans la consommation totale des ménages croît avec le revenu. De cette observation faite à un moment déterminé, on est aussi passé à la thèse d'une croissance à travers le temps de la part des services dans la consommation totale au fur et à mesure que

TABLEAU 5. — **Les coefficients budgétaires des services** (en % et en France)

	Prix courants			Prix de 1980		
	1970	1980	1987	1970	1980	1987
Transports	2,3	2,6	2,6	2,3	2,6	2,5
Postes et télécommunications	0,7	1,5	1,7	0,7	1,5	2,1
Réparation d'automobiles	1,4	1,4	1,5	1,5	1,4	1,3
Hôtels-cafés-restaurants	6,1	6,3	6,5	6,7	6,3	5,8
Services de santé (hors hôpitaux publics)	3,7	4,4	5,3	3,6	4,4	5,8
Services de loisirs	1,3	1,4	1,5	1,4	1,4	1,4
Assurances	1,5	1,5	1,7	1,3	1,5	1,5
Services financiers	0,1	0,3	0,4	0,2	0,3	0,4
Services non marchands payés par les ménages	2,4	2,6	2,5	3,8	2,6	2,3
Total des services hors loyers	23,2	26,1	27,9	25,4	26,1	26,7

NB. — Le total des services comprend quelques services divers en plus de ceux qui sont indiqués.

Source : Comptes nationaux.

les revenus augmentent. Puis est née l'idée d'une société postindustrielle fondée sur les échanges de services et d'informations. L'analyse des coefficients budgétaires, c'est-à-dire des parts relatives des divers biens et services dans la consommation des ménages, conduit à remettre partiellement en cause cette vision de l'évolution des services.

Les coefficients budgétaires peuvent d'abord être exprimés aux prix courants, la consommation étant évaluée à sa valeur de l'année concernée. Il apparaît alors bien une augmentation sensible de la part des services hors loyers dans la consommation des ménages. Cette observation est valable pour quasiment tous les achats de services. Il est donc exact qu'une proportion croissante du revenu des ménages est utilisée pour consommer des services.

Mais la croissance de la consommaion de services aux prix courants peut résulter d'une forte hausse du prix de ces services et non de l'achat de plus grandes quantités. Pour éliminer les effets-prix, il faut raisonner à prix constants. La comparaison dans le temps des coefficients budgétaires aux prix de 1980 permet alors de constater que le poids des services n'augmente que très légèrement.

Seules deux catégories de services voient leur part de la consommation des ménages s'accroître nettement à prix constants, les télécommunications et les services de santé. A l'opposé, les hôtels-cafés-restaurants et les services non marchands payés par les ménages (qui comprennent, pour des raisons difficiles à expliquer, les services domestiques) voient leur importance relative régresser. Si le poids de nombreux services dans les dépenses des ménages augmente, c'est essentiellement parce que leur prix s'accroît plus vite que l'indice général des prix et non parce qu'ils sont achetés en plus grandes quantités.

Or, c'est le volume de la consommation qui détermine l'activité des sociétés de services et par conséquent leurs effectifs. La déformation de la structure de la consommation des ménages, dans la mesure où elle est très limitée à prix constants, ne peut donc pas être tenue pour une cause de la tertiarisation de l'emploi. Seuls les services de santé et de télécommunications font exception à cette règle.

Cette conclusion peut être étendue à la plupart des pays développés. Aux Etats-Unis, le coefficient budgétaire des services (certains loyers et la restauration étant compris) est passé de 34,1 % à 42,4 % aux prix courants entre 1959 et 1983 mais seulement de 38,6 % à 40,5 % à prix constants. Les pays occidentaux diffèrent surtout par le niveau actuel du coefficient budgétaire des services. L'écart entre les extrêmes (Etats-Unis et RFA) est supérieur à 15 points et peut être rapproché des différences entre les parts respectives des services dans l'emploi total. Cet écart tient sans doute autant à des biais statistiques (nomenclatures non comparables) qu'à des divergences de prix ou à des habitudes de consommation spécifiques.

Les raisons de la stagnation des coefficients budgétaires à prix constants des services dans la plupart des pays peuvent être trouvés dans la conjonction des effets favorables de certains phénomènes socio-économiques et des effets défavorables de la hausse de leurs prix relatifs. C'est plus généralement la résultante d'une concurrence entre biens, services et travail domestique.

B) *Les facteurs favorables à la consommation de services*. — Il est vrai que les ménages cherchent d'abord à satisfaire les besoins prioritaires comme l'alimentation ou l'habillement avant d'acheter certains services qui ont plus souvent un caractère de luxe (loisirs, télécommunications...). Une fois un certain niveau de développement atteint, la consommation de ces services se met à augmenter plus vite que les revenus ce qui se traduit économétriquement par une élasticité-revenu supérieure à un. Mais ce comportement n'est pas toujours observé (les services domestiques ont une élasticité-revenu négative dans le temps).

Par ailleurs certains groupes de ménages accordent une plus grande valeur à leur temps libre du fait de l'accroissement de leurs ressources et de leur temps de travail (couples où les deux personnes ont un emploi bien payé). Ils sont plus enclins à acheter des services qu'à les produire eux-mêmes, par exemple à aller au restaurant plutôt que de prendre leurs repas à domicile. Mais, inversement, ceux qui ont du temps libre et des revenus limités sont souvent conduits à réduire leurs achats de services. L'effet de l'augmentation du temps disponible, souvent considéré comme favorable aux services, est en réalité très ambigu.

Des facteurs démographiques peuvent entraîner le développement de certains services. Le baby boom a ainsi induit une forte demande de services éducatifs et le vieillissement futur de la population contribuera à la croissance des services sociaux.

Enfin, les services de santé sont aussi favorisés par des facteurs démographiques mais surtout par leur mode de financement. Dans tous les pays occidentaux, les dépenses de santé sont largement remboursées par des assurances sociales ou privées. Les ménages sont donc très peu sensibles à leur prix et la demande peut s'accroître très rapidement sous la pression de facteurs démographiques (vieillissement), sociologiques (le besoin d'une forme toujours meilleure) et techniques (les progrès médicaux).

C) *L'effet défavorable des prix*. — Pour la plupart des services autres que la santé, l'évolution des prix a une incidence négative sur la consommation. La différence entre les variations des coefficients budgétaires aux prix courants et à prix constants traduit une croissance des prix des services plus rapide que celle de la moyenne des prix. On parle alors de la hausse du prix relatif des services qu'illustre le tableau 6.

TABEAU 6. — **La croissance du prix relatif des services**
(indice du prix des services / indice général des prix)

Taux de croissance annuels moyens en % de 1970 à 1987

Transports	0,2
PTT	— 1,7
Réparation d'automobiles	1,9
Hôtels-cafés-restaurants	1,2
Services de santé	— 0,7
Services divers	1,0
Services de loisirs	1,1
Services marchands hors loyers et services financiers	0,7

Source : Comptes nationaux français.

De 1970 à 1987, le prix relatif de l'ensemble des services marchands hors loyers s'est accru en moyenne de 0,7 % par an. Cette dérive du prix relatif des services est une règle générale. Seules la santé et les télécommunications font exception sur longue période et voient d'ailleurs leurs coefficients budgétaires en volume augmenter. C'est aussi un phénomène universel. Sur cette période le prix relatif des services a connu des hausses comparables dans tous les pays de l'OCDE.

Les facteurs qui déterminent ces prix sont nombreux : salaires, productivité, coût des matières utilisées, intensité de la concurrence, sensibilité aux prix de la demande... A long terme il semble que la cause principale de la dérive du prix relatif des services soit la moindre importance des gains de productivité dans le tertiaire par rapport à l'ensemble des branches. Pour des raisons qui seront développées plus loin, les gains de productivité sont plus faibles dans les services que dans les autres secteurs. A long terme ce sont ces différences de gains de productivité qui expliquent le mieux la croissance des prix relatifs des services même si le lien n'est pas toujours statistiquement très bien établi dans la mesure où les autres facteurs jouent parfois un rôle important. Ceci sera développé plus loin.

La consommation de services est sensible aux variations des prix relatifs. En France, son élasticité par rapport à ce facteur est de l'ordre de — 1 pour les services récréatifs, de — 1,4 pour les transports collectifs, de — 1 pour la réparation de l'automobile, de — 0,3 pour les postes et télécommunications et de — 0,7 pour les hôtels-cafés-restaurants. Les évolutions des prix ont donc un impact négatif sur les achats de services en volume. Cet effet reste cependant modéré.

D) *La concurrence entre biens, services et travail domestique.* — La sensibilité de la consommation de services aux variations des prix relatifs peut recevoir plusieurs explications. D'abord, ces dépenses n'ont pas toujours un caractère de première nécessité et sont plus souvent considérées comme un luxe (loisirs...). Si les prix augmentent trop, les ménages peuvent assez facilement s'en passer.

Les services remplissent aussi souvent des fonctions pour lesquelles des biens peuvent leur être substitués si leurs prix sont trop élevés. Les blanchisseries ont été peu à peu remplacées par des machines à laver et les salles de cinéma par des magnétoscopes et des postes de télévision.

Ils peuvent aussi être remplacés par une production

domestique, notamment lorsque le chômage et la réduction de la durée du travail sont accompagnés par une réduction des revenus. Dans ce contexte, le relèvement du prix de services tels que la réparation des automobiles favorise l'essor du « Do it yourself » (auto-entretien, bricolage...).

Biens, services marchands et travail domestique permettent aux ménages de remplir des fonctions telles que l'alimentation, l'hébergement ou les loisirs. Pour satisfaire un besoin donné, ils sont souvent en concurrence. On peut acheter des produits alimentaires et les préparer soi-même ou aller au restaurant ; on peut acheter un magnétoscope ou aller au cinéma. L'issue de cette compétition dépend des facteurs évoqués précédemment : d'un côté une hausse souvent plus rapide des prix des services qui les défavorise ; de l'autre côté, l'augmentation des revenus et divers mouvements d'ordres sociologique ou démographique.

Il est difficile de dire si, à l'avenir, les modes de consommation évolueront dans un sens favorable aux services ou non. Il existe un déterminant essentiel qui échappe largement aux essais de prospective, à savoir l'innovation, l'apparition de biens ou services nouveaux. Au fur et à mesure du développement de techniques nouvelles, le lavage du linge est passé du foyer domestique à des entreprises extérieures ou a fait le chemin inverse. Ces innovations ne sont pas seulement industrielles. Il y a de véritables innovations tertiaires qui ne doivent rien à l'apparition de biens industriels nouveaux. Le libre-service, le club de vacances, les nouveaux produits financiers en sont des exemples.

E) *Les leçons pour la politique économique*. — Au cours des deux dernières décennies, la consommation des ménages n'a donc pas été le moteur de la croissance de l'emploi dans le tertiaire. Cela n'interdit pas de chercher à favoriser la consommation de services et partant l'emploi dans ce secteur. Un certain nombre de mesures de politique économique ont été, ou pourraient être, prises dans ce but. Elles agissent sur l'un ou l'autre des deux déterminants de la consommation de services que sont les prix et les divers facteurs socio-économiques évoqués précédemment.

Il est peu aisé d'infléchir l'évolution de ces derniers et l'impact sur le développement des services ne peut être qu'indirect et difficile à mesurer. Une politique familiale modifie ainsi la pyramide des âges et, par conséquent, a une influence sur les dépenses de santé ou de loisirs. Mais la consommation de services n'est pas son objectif premier. Nous laisserons donc de côté ce type de politique en soulignant, toutefois, parmi les « mesures d'environnement » favorables aux services, l'importance d'une stratégie de développement des réseaux de télécommunication qui constituent l'infrastructure indispensable à la croissance de nombreuses activités tertiaires nouvelles (conseil et recherche d'informations par minitel...).

Une action sur les prix des services peut avoir des effets plus sensibles par le jeu des élasticités-prix. Il ne faut cependant pas en exagérer les effets ce qui a pu être le cas de certaines évaluations. Une baisse du prix des services entraîne un accroissement de la consommation et donc de l'activité et de l'emploi. Mais il ne suffit pas de mettre en évidence ce résultat bénéfique. Le relèvement du coefficient budgétaire des services se fait en grande partie au détriment des autres produits ce qui implique une diminution de l'emploi dans les autres secteurs. Le solde de ces mouvements opposés est généralement positif dans la mesure où le contenu en emplois des activités de services est supérieur à la moyenne (productivité inférieure). En outre, le contenu en importation des services est souvent faible et une telle politique permet de desserrer la contrainte extérieure en substituant des services peu importés à des biens plus largement importés. Mais, si le résultat global est positif, dans la mesure où il découle d'effets de substitution il faut prendre garde à ne pas le surestimer.

Si, par le jeu des élasticités-prix croisées, la consommation de produits manufacturés diminue, les activités industrielles peuvent paraître désavantagées même si leurs propres coûts et prix ne sont *a priori* pas modifiés. Du fait de la réduction du marché national, nos entreprises industrielles obtiendraient alors moins d'économies d'échelle et connaîtraient une dégradation de leur compétitivité ; c'est du moins la thèse d'économistes industrialistes. Elle a le défaut d'omettre le caractère international des marchés industriels d'aujourd'hui et condamnerait toute forme d'industrie en Suisse, en Suède ou aux Pays-Bas...

L'Etat peut d'abord agir directement sur les prix des services en les contrôlant. Nous examinerons ce type d'intervention dans la troisième partie. Il peut aussi jouer sur la fiscalité, en particulier les taux de TVA. Une politique de baisse des taux appliqués aux services compensée, pour maintenir les recettes fiscales au même niveau, par une hausse des taux appliqués aux produits industriels ou agricoles aurait un impact favorable aussi bien sur l'emploi que sur la balance des paiements. On peut à ce propos signaler que les produits alimentaires sont taxés à 18,6 % dans les restaurants et à un taux moyen d'environ 7 % lorsqu'ils sont achetés dans un magasin pour être consommés ailleurs. Le rapprochement de ces deux taux pourrait être bénéfique.

L'Etat peut aussi agir sur les charges de personnel. Les mesures récentes visant à diminuer les cotisations familiales assises sur les bas salaires ou à exonérer de charges sociales certaines activités de garde à domicile relèvent de cette démarche. Cependant le coût budgétaire de ces interventions oblige souvent les pouvoirs publics à relever les charges pesant sur d'autres secteurs ce qui en diminue l'effet global sur l'emploi et peut avoir un impact négatif sur le commerce extérieur. L'Etat pourrait enfin agir sur la formation des salaires à travers l'un de ses principaux déterminants, à savoir le SMIC.

2. **Les consommations intermédiaires.** — L'industrie et le tertiaire sont souvent en concurrence pour satisfaire les besoins des ménages. Ils peuvent aussi être étroitement complémentaires. D'un côté les sociétés de services ont souvent pour fonction de mettre des équipements à la disposition de leurs clients (location, hôtellerie...). Leur activité est parfois très dépendante d'un produit industriel (auto-écoles...). De l'autre côté, l'industrie consomme de plus en plus de services. C'est sur ce deuxième point que nous allons porter notre attention.

A) *Le poids des services dans les consommations intermédiaires.* — Les achats de biens ou services d'une branche à une autre sont appelés des consommations intermédiaires en comptabilité nationale. La part des services dans ces consommations intermédiaires tend à s'accroître. Aux prix courants elle est passée de 19,4 % en 1970 à 22,6 % en 1980 et 27,9 % en 1987 (en ne tenant compte que des biens et services marchands non financiers). Aux prix de 1980 ces ratios deviennent respectivement 19,2 %, 22,6 % et 25,6 % (ces données à prix constants posent des problèmes méthodologiques et sont à prendre avec précaution).

Le rapprochement de ces deux séries de chiffres montre que, malgré une légère croissance du prix des services destinés aux entreprises, les achats de services par les entreprises ont augmenté en volume beaucoup plus vite que les achats de biens. Le développement des consommations intermédiaires de services constitue un facteur essentiel de l'expansion du tertiaire et, notamment, des branches transports, télécommunications et services divers aux entreprises.

Il s'agit d'une évolution commune à tous les pays occidentaux. Aux Etats-Unis les services aux entreprises connaissent ainsi une croissance de leur activité nettement supérieure à celle du PIB. En Europe, les consommations intermédiaires expliquent 59 % de la croissance en volume des services en Allemagne, 58 % en Italie et 96 % en Grande-Bretagne entre 1975 et 1982.

Ces achats de services sont le fait aussi bien de firmes industrielles que de sociétés de services. Si l'on se limite aux seules entreprises industrielles, leur contribution à la croissance en volume des services est de 30 % en France, 25 % en Allemagne, 28 % en Italie et 17 % en Grande-Bretagne. La Grande-Bretagne étant exceptée, ce développement des achats de services est en grande partie imputable aux firmes industrielles mais il est important de noter que ce mouvement touche tous les secteurs. Il convient maintenant d'en donner une explication. Ce phénomène résulte de la conjonction de deux processus : le développement des fonctions tertiaires dans les entreprises et leur extériorisation croissante.

B) *La croissance de la demande de services des entreprises*. — Les entreprises, quelle que soit leur activité, utilisent les services que sont le marketing, la commercialisation des produits, la comptabilité... On peut ainsi définir des fonctions tertiaires dans l'entreprise qui comprennent tout ce qui ne relève pas strictement de la transformation des produits. Ces fonctions prennent une place de plus en plus grande pour les raisons suivantes.

La croissance, la diversification et l'internationalisation des firmes accroissent leur demande de services fonctionnels lourds chargés de gérer, contrôler, conseiller les divisions opérationnelles. A l'intérieur de celles-ci, des structures administratives décentralisées peuvent aussi être créées. Cette demande est stimulée par l'apparition ou le développement d'outils de gestion de plus en plus perfectionnés (planification stratégique, audit, communication...). La contribution des sièges et directions fonctionnelles des sociétés américaines à la valeur du PIB a été estimée à 5 % aux Etats-Unis.

Les marchés sont de plus en plus ouverts, en particulier à la compétition internationale. De nombreux biens de consommation arrivent à un stade de maturité propice à une intensification de la concurrence par les prix. Or, toutes les firmes ne peuvent pas sortir gagnantes d'une guerre de prix et il existe une stratégie très couramment utilisée pour échapper partiellement à la concurrence par les prix ; c'est la différenciation, autrement dit l'action de persuader les consommateurs, à juste titre ou non, que les biens ou les services proposés ne sont pas les mêmes que ceux des concurrents. Le meilleur moyen de se différencier est souvent d'associer des services nouveaux aux produits industriels ou au service principal offerts. On peut ainsi développer les services après-vente, l'accueil des clients, la rapidité d'exécution des commandes ou encore l'information de la clientèle (au sens large, c'est-à-dire en y incluant les frais de publicité).

Deux illustrations peuvent être données de ces évolutions. Il s'agit d'abord de la diminution de la part des emplois de production dans l'industrie au profit des emplois de services. Elle est ainsi passée de 82 % en 1950 à 68 % en 1982 aux Etats-Unis, de 68 % en 1961 à 60 % en 1982 en Allemagne et de 82 % en 1969 à 78 % en 1983 en France. La croissance des fonctions tertiaires se conjugue avec l'automatisation de la production.

Ensuite, les investissements immatériels des entreprises connaissent un développement beaucoup plus rapide que les investissements physiques : ces investissements non matériels sont constitués par des dépenses qui permettent d'améliorer la compétitivité à moyen ou long terme et qui ne consistent pas en des achats de biens matériels ayant éventuellement une valeur de revente. Ils sont donc inscrits en dépenses d'exploitation et non à l'actif du bilan. Il s'agit souvent de services tels que la publicité, la formation, la recherche... Ils représentaient 21 % de la formation brute de capital fixe (investissements physiques) en 1974 et 32 % en 1983 en France.

La croissance de la demande de services des entreprises n'explique pas, en elle-même, le développement du tertiaire. Si l'activité principale d'une société continue à être de fabriquer des produits industriels, elle sera toujours classée dans une branche industrielle quel que soit le poids des fonctions tertiaires dans sa valeur ajoutée. Etant donné que les statisticiens n'ont généralement pas les moyens pour chaque entreprise industrielle de distinguer les emplois de production et les emplois de services, ces derniers sont comptabilisés parmi les effectifs industriels. Le développement des services internes n'aura alors aucune incidence sur l'emploi dans le tertiaire tel qu'il est mesuré dans les comptes nationaux.

Pour qu'il en soit autrement il faut soit que la société change de place dans la nomenclature officielle des activités si ses prestations de services deviennent suffisamment importantes ; soit que les services en question soient achetés à une société spécialisée ; soit que l'entreprise transfère ces activités de service d'une division fonctionnelle interne à un fournisseur extérieur. Or, il semble que ces fonctions soient de plus en plus sous-traitées et que l'on se trouve ainsi de plus en plus souvent dans les deux derniers cas de figure.

C) *L'extériorisation des fonctions tertiaires*. — Ce transfert progressif des activités de services des entreprises vers des sous-traitants peut s'expliquer par des considérations d'efficacité. Les sociétés de services spécialisées peuvent ainsi réaliser des gains de productivité supérieurs à ceux des divisions internes des grandes firmes. Elles peuvent, par exemple, bénéficier d'économies d'échelle ou d'apprentissage. Elles sont aussi soumises à une pression concurrentielle stimulante alors que les divisions de grandes entreprises profitent généralement d'un marché captif. En outre, les charges de personnel sont souvent inférieures dans des unités de plus petite taille où les salariés sont plus flexibles, moins bien rémunérés et parfois plus motivés.

Ce mécanisme est parfois considéré comme préjudiciable à l'emploi. En effet, il peut se traduire seulement par un transfert d'effectifs d'une branche à une autre avec une réduction au cours de ce passage en raison de l'amélioration de la productivité. C'est oublier que les gains de productivité ainsi réalisés permettent de baisser les prix, de desserrer la contrainte extérieure et d'étendre à terme les débouchés et l'emploi. La rétention de personnels excédentaires n'a jamais été une solution viable à long terme.

Ceci dit, l'importance de ces transferts d'activité vers des sociétés de services spécialisées est quasiment impossible à évaluer. On admet généralement que ce processus contribue pour une part non négligeable au développement de la branche services aux entreprises mais sans que des données quantifiées suffisamment précises ne soient données à une échelle macro-économique. Seules des monographies d'entreprises permettent de vérifier que le phénomène est bien réel. Il semble que son importance soit très variable d'un pays à l'autre.

D) *Les enseignements pour la politique économique.* — Les activités industrielles et tertiaires sont de plus en plus imbriquées. Un grand nombre de services contribuent utilement à l'amélioration de la compétitivité des entreprises laquelle résulte non seulement de prix avantageux mais aussi d'une politique de différenciation par les services adaptée à la demande de la clientèle. On peut donc s'interroger sur la portée de politiques économiques visant les seules branches industrielles.

Cette réflexion est sans doute encore plus nécessaire dans le cas des politiques économiques locales. Les entreprises, quelles soient industrielles ou non, ont désormais besoin d'un réseau de prestataires de services autour d'elles. Les infrastructures relevant du

33

génie civil ne suffisent plus pour attirer les usines. Les collectivités territoriales ont donc intérêt à s'interroger sur les services que propose leur région, éventuellement à soutenir leur développement.

Depuis quelques années les investissements non matériels sont considérés comme essentiels et les moyens appropriés pour les stimuler sont discutés. Certains voudraient que ces dépenses soient comptabilisées en immobilisation ce qui permettrait aux entreprises concernées d'obtenir des crédits plus avantageux. Mais ces investissements ont une valeur tout à fait incertaine et une telle démarche irait à l'encontre des principes élémentaires de prudence comptable. En outre cette procédure serait fiscalement désavantageuse puisque ces dépenses ne seraient alors déduites du résultat imposable qu'au fur et à mesure de leur amortissement (sauf à généraliser le traitement fiscal exorbitant du droit commun appliqué aux achats de logiciels qui peuvent être amortis en un an). En fait, ni l'administration ni les autorités en charge des règles comptables ne devraient avoir à intervenir. Le problème est simplement pour les entreprises de convaincre leurs banquiers que certaines dépenses d'exploitation peuvent être assimilées à des investissements. Une intervention de l'Etat n'est justifiée que pour soutenir certains de ces investissements non matériels qui ont des effets externes positifs comme la formation ou la recherche-développement (à travers un crédit d'impôt par exemple).

Il reste enfin à noter qu'une réglementation trop restrictive des licenciements économiques entrave le mouvement d'extériorisation des fonctions tertiaires vers des sociétés spécialisées.

3. **Les cas particuliers du commerce et des services non marchands.** — Le commerce et les services non marchands font l'objet de traitements spécifiques

en comptabilité nationale et les services produits n'apparaissent pas directement dans la consommation des ménages ou dans les consommations intermédiaires.

Les services (et les biens) non marchands représentaient 12,3 % du PIB en 1970, 16,0 % en 1980 et 16,5 % en 1987 (respectivement 16,0 %, 16,0 % et 16,4 % à prix constants). La valeur ajoutée du commerce représentait 11,0 % du PIB en 1970, 10,4 % en 1980 et 10,8 % en 1987 (respectivement 10,9 %, 10,4 % et 10,7 % à prix constants). A l'exception d'une croissance en valeur du poids des services non marchands entre 1970 et 1980, on observe donc plutôt une stagnation de la part des commerces et services non marchands dans l'activité économique.

Cette stagnation peut tout à fait être interprétée avec la grille d'analyse utilisée pour les consommations des ménages ou des entreprises. Il est en effet clair que ces services sont utilisés par les ménages ou les entreprises qui les payent à travers les marges contenues dans le prix des marchandises pour le commerce et une partie des impôts pour les services non marchands.

La demande de services commerciaux ou non marchands est entraînée par les mêmes facteurs que celle des autres services. L'accroissement des revenus stimule la demande de services commerciaux plus perfectionnés (livraison à domicile, conseils techniques...) ; les mouvements démographiques augmentent les besoins en services de santé, d'aide à domicile, de gestion administrative du système de sécurité sociale. La complexification des relations industrielles exige une production plus importante de services non marchands tels que la fourniture de statistiques, l'arbitrage judiciaire, la normalisation...

D'un autre côté, malgré des gains de productivité

non négligeables, surtout dans le commerce, ces deux secteurs sont pénalisés par des effets-prix. Dans le cas des services non marchands, cela se traduit par un refus de toute augmentation des taux des prélèvements obligatoires. Comme les dépenses de transfert des administrations publiques s'accroissent régulièrement, c'est la production de services non marchands qui est limitée. Mais il ne serait pourtant pas anormal que le poids des services concernés augmente par rapport à l'activité nationale. Cela n'exclut évidemment pas qu'ils soient fournis par d'autres agents que les administrations et ne permet pas de trancher sur le point de savoir où doit se situer la frontière entre marchand et non-marchand.

4. **La valeur ajoutée des services.**

A) *L'évolution*. — La consommation de services augmente donc plus vite que la consommation totale, en valeur mais aussi, plus légèrement, en volume. Ce mouvement est essentiellement imputable aux entreprises, beaucoup moins aux ménages pour lesquels les services représentent une part à peu près stable des dépenses à prix constants. La tertiarisation de nos sociétés ne résulte donc pas d'un changement de nos habitudes de consommation mais plutôt d'une transformation de nos modes de production.

Mais la consommation n'est pas le seul débouché des services. Comme on le verra plus précisément dans la quatrième partie ils peuvent être exportés (et importés). Dans certaines branches du tertiaire, les échanges extérieurs ont une grande importance et se développent rapidement. Mais, globalement, les exportations ne comptent que pour 8,4 % de la production de services marchands et les échanges extérieurs n'ont qu'une incidence relativement limitée sur l'activité du secteur tertiaire. La demande de services est donc principalement constituée par les consommations des ménages, des entreprises et des administrations (les investissements en services, autrement dit non matériels, sont le plus souvent comptabilisés en consommations intermédiaires et donc rarement dans la formation brute de capital fixe).

Cette demande de services s'accroît un peu plus vite que la demande globale. Il en découle une croissance de la production de services plus forte que celle de la production totale (3,4 % par an contre 2,5 % de 1970 à 1987 en volume). Le mouvement est accentué dans un pays comme les États-Unis où la demande de produits manufacturés a été de plus en plus satisfaite par des importations et non par une production nationale jusqu'à une période très récente.

L'évolution de la valeur ajoutée résulte du même mécanisme. En France, les services représentaient hors location, 47,8 % de la valeur ajoutée totale aux prix courants en 1970 puis 55,4 % en 1980 et 59,2 % en 1987, soit, respectivement 52,5 %, 55,4 % et 57,7 % aux prix de 1980. Dans tous les pays développés, à l'exception du Japon, on observe que la valeur ajoutée du tertiaire augmente plus rapidement en volume que la valeur ajoutée de l'industrie. L'écart va de 0,4 point par an en Italie à 1,8 en Allemagne sur la période 1973-1984.

La valeur ajoutée des services s'accroît plus vite que celle des autres activités. Le tertiaire ne suit pas pour autant une trajectoire indépendante des performances du reste de l'économie. Les services sont achetés par des entreprises industrielles et par des ménages dont les ressources proviennent en partie de l'industrie et de l'agriculture. Entre 1960 et 1973, la valeur ajoutée des services s'est accrue de 5,3 % par an et le PIB d'à peu près autant en France. De 1973 à 1984, la croissance a été de 2,6 % pour les services et 2,1 % pour le PIB.

Dans tous les pays, le premier choc pétrolier a entraîné une baisse du rythme de croissance des services comme de l'ensemble des activités. Cette baisse a seulement été un peu moins forte dans le cas des services. De 1960 à 1973, il n'y a souvent pas eu de tertiarisation de la valeur ajoutée à prix constants. Le phénomène n'est apparu qu'ensuite.

Il est donc illusoire d'espérer un développement autonome de l'activité des services. Celle-ci est étroitement liée à la croissance du PIB. Il reste que ce lien est variable d'un pays à l'autre. Pour une même croissance des PIB, la croissance des services peut être plus ou moins forte. Or, il peut être avantageux d'avoir une croissance globale plus spécialement tirée par une demande de services dans la mesure où ceux-ci sont moins importés et ont un contenu en emplois plus élevés. Les importations représentent en France 12,9 % de la consommation de services marchands contre 53,6 % pour les biens. Il faut 4,8 emplois pour dégager un million de francs de valeur ajoutée dans les services contre 4,4 emplois dans les autres branches. Des mesures visant à substituer une consommation de services à une consommation de biens sont donc tout à fait justifiées même s'il ne faut pas en attendre de « miracle ».

B) *Le lien entre valeur ajoutée et emploi*. — La valeur ajoutée des services croît plus vite que celle des autres branches. En termes d'effectifs l'écart entre les rythmes de croissance est encore plus élevé. La différence tient à la croissance de la productivité par tête qui est plus lente dans les services, quel que soit le pays considéré, comme le montre le tableau 7.

Ce tableau illustre aussi l'existence de deux groupes de pays. Dans les uns la croissance de la productivité

	France	RFA	Italie	Grande-Bretagne	Etats-Unis	Japon
Services	1,5	2,2	0,4	0,5	0,4	1,9
Industrie	3,6	2,7	2,5	3,2	1,4	7,0

Source : OCDE-REXECO.

par tête dans les services est faible, de l'ordre de 0,5 % par an (Etats-Unis, Grande-Bretagne, Italie). Dans les autres, elle est plus forte et varie de 1,5 à 2,5 % (France, RFA et Japon). Pour un même taux de progression de la valeur ajoutée en volume, la croissance des effectifs peut différer sensiblement d'un pays à l'autre. Une modification du rythme de développement de la productivité par tête dans le tertiaire peut avoir des conséquences importantes sur l'évolution de l'emploi.

Là encore, il ne faut pas nourrir trop d'illusions et attribuer aux services une aptitude trop grande à jouer le rôle d' « éponge à chômage » caractérisé par de très faibles gains de productivité. Dans tous les pays occidentaux, les gains de productivité du secteur tertiaire ont décru après le premier choc pétrolier avec plus ou moins de retard. Mais, d'une part, cette décroissance a été insuffisante pour compenser la baisse du rythme de croissance de l'activité et maintenir le taux de progression des effectifs. De 1960 à 1973, l'emploi dans les services s'est accru au taux moyen de 2,0 % par an en France puis de 1,6 % de 1973 à 1984. En RFA ces progressions ont été de 1,2 % de 1960 à 1973 puis de 0,6 % de 1973 à 1984. En Grande-Bretagne, elles ont été de 1,0 % de 1960 à 1973 puis de 0,8 % de 1973 à 1984. Au Japon, elles ont été de 2,9 % au cours de la première période puis de 2,1 % au cours de la seconde et aux Etats-Unis de 2,8 % puis 2,5 %. Seule l'Italie fait exception avec une croissance de 1,1 % puis de 2,6 %. D'autre part, la diminution des gains de productivité a généralement été enregistrée aussi bien dans les services que dans les autres secteurs.

Les facteurs de la croissance de la productivité sont souvent les mêmes dans le tertiaire et dans l'industrie comme on le verra plus loin. Il est donc difficile de modifier sensiblement le rythme spécifique de la productivité des services.

Cela n'interdit pas de chercher à l'infléchir marginalement ce qui exige un approfondissement de l'analyse et la décomposition des gains de productivité par tête en ses deux éléments constitutifs, l'évolution de la durée du travail et la croissance de la productivité horaire.

5. **La durée du travail.** — La durée du travail des salariés à temps plein diminue dans les services comme dans les autres activités. De 1980 à 1987 elle a baissé de 8,5 % dans le commerce, de 5,3 % dans les services marchands divers et de 8,6 % dans les administrations. Dans l'ensemble de l'économie, la diminution a été de 7,3 %. La réduction de la durée normale du travail ne présente pas de spécificités dans le tertiaire. Elle est observable dans tous les autres pays développés sans que des différences particulières n'apparaissent.

En revanche les services se distinguent par l'importance qu'y prend le travail à temps partiel. En 1986 les salariés français étaient employés pour 10,9 % d'entre eux à temps partiel. Cette proportion était de 14,7 % dans l'ensemble du tertiaire, de 20,0 % dans le commerce de détail et 21,0 % dans les hôtels-cafés-restaurants.

De nombreux services traditionnels aux ménages se prêtent en effet assez bien à un développement du temps partiel. Le rythme d'activité des magasins varie fortement à l'intérieur de la journée ou de la semaine. De nombreux emplois ne sont donc justifiés que pour des créneaux horaires limités ne correspondant pas nécessairement à un plein temps. De plus, il est clair que deux personnes distinctes peuvent facilement tenir le même poste de serveur ou de vendeur à des heures différentes.

Mais le degré d'extension du travail à temps partiel est très variable d'un pays à l'autre, la France apparaissant plutôt en retard dans ce domaine. La proportion d'emplois à temps partiel en 1983 était en effet de 10 % en France, 13 % en RFA, 18 % aux Etats-Unis, 16 % au Japon et 19 % au Royaume-Uni. Dans le seul commerce de détail, le temps partiel représente 20 % des emplois en France et 39 % aux Etats-Unis.

Le temps partiel s'étend dans tous les pays développés, y compris en France, à l'exception des Etats-Unis où il était déjà très répandu au début des années soixante-dix. Ce mouvement a diverses conséquences statistiques. Dans la plupart des pays la croissance de l'emploi serait plus faible si l'on calculait les effectifs en équivalents temps plein. Seuls les Etats-Unis font systématiquement ce calcul et il apparaît dans leur cas une croissance identique de l'emploi avec et sans conversion en équivalents temps plein, ce qui est normal puisque la part des emplois à temps partiel n'y augmente pas contrairement aux autres pays. Les performances américaines dans le domaine de l'emploi n'en sont que plus notables.

Toujours à l'exception des Etats-Unis, les gains de productivité horaire mesurés ne concernent que la productivité horaire « apparente » du travail à temps plein et ne tiennent pas compte du développement du temps partiel. Si celui-ci était intégré, la croissance de la productivité horaire serait plus rapide et, là encore, le cas des Etats-Unis où cette croissance est relativement réduite apparaîtrait encore plus original.

Une extension du temps partiel entraîne donc une augmentation un peu artificielle des effectifs. Cela permet tout de même de démultiplier les créations d'emplois et de donner plus de chances à chacun de trouver un poste, même à temps réduit. Il paraît donc judicieux de favoriser son développement, en particulier dans les services où cela correspond en plus à un besoin propre à ce type d'activité. Ce besoin ne peut d'ailleurs qu'être renforcé par la nécessité pour de nombreux prestataires de services de se différencier en faisant mieux coïncider leurs horaires d'ouverture avec les disponibilités de leur clientèle.

En France, la création d'emplois à temps partiel a pu être freinée par diverses réglementations touchant par exemple le mode de calcul des cotisations sociales ou de diverses autres charges salariales. Pour la plupart, ces obstacles ont été levés. Il ne reste plus que le coût marginal de gestion de deux salariés au lieu d'un seul pour l'entraver d'un point de vue strictement économique. Mais d'autres considérations d'ordre plus sociologique tenant au comportement du patronat, des syndicats ou de l'administration doivent être prises en compte pour expliquer le retard de la France. Ces facteurs ne devraient pas freiner outre mesure à l'avenir un développement qui paraît inéluctable.

6. **La productivité horaire.** — De 1970 à 1987, la valeur ajoutée des services s'est accrue de 3,2 % par an en volume contre 2,6 % pour l'ensemble de l'économie. Les effectifs ont augmenté de 1,7 % par an dans le tertiaire contre 0,2 % dans l'ensemble des branches. La durée du travail ayant diminué dans des proportions semblables dans les services et le reste de l'économie, l'élargissement de l'écart entre le tertiaire et l'ensemble des branches, lorsqu'on passe de la valeur ajoutée à l'emploi, s'explique par des gains de productivité horaires différents. Ceux-ci ont été de 3,4 % dans l'ensemble de l'économie et seulement de 2,7 % dans les commerces et services marchands non financiers, de 1,2 % dans les services financiers et de 1,6 % dans les services non marchands.

Cette faiblesse des gains de productivité réalisés dans le tertiaire par rapport à ceux des autres secteurs, en particulier de l'industrie, peut être constatée dans tous les pays. Aux Etats-Unis, les gains de productivité horaires ont été de 2,0 % dans l'industrie et de 0,6 % dans les services marchands non financiers de 1973 à 1983. En Allemagne ces chiffres deviennent respectivement 3,5 % et 3,2 % et au Japon 6,3 % et 1,6 % (en France 4,2 % et 2,4 % sur cette période).

Cette faiblesse des gains de productivité du tertiaire est aussi la cause essentielle de la dérive du prix relatif des services à long terme. Entre 1970 et 1987, en France, le prix relatif des services marchands non financiers hors loyers s'est accru en moyenne de 0,7 % par an. Cela correspond exactement à l'écart entre les gains de productivité horaires des mêmes services marchands non financiers hors location (identiques à ceux du commerce) et ceux de l'ensemble des branches. Il ne faut pas attacher trop d'importance à cette stricte égalité qui sur cette période déterminée relève en partie du hasard mais il importe de noter que l'ordre de grandeur est le même.

La comparaison des gains de productivité horaire réalisés dans les services entre les pays met à nouveau en évidence l'originalité des Etats-Unis où ces gains sont très réduits. La croissance du tertiaire américain apparaît ainsi particulièrement « riche en emplois ». L'exemple du commerce est tout à fait éclairant. La précision des statistiques françaises et américaines permet un rapprochement assez fiable des informations sur ce secteur dans les deux pays.

Si l'on considère aux Etats-Unis les commerces de gros et de détail hors restauration (rappelons que celle-ci est classée dans le commerce de détail aux Etats-Unis), la croissance de leur valeur ajoutée en volume est supérieure d'environ 0,6 point à celle de l'ensemble du commerce français et la progression de l'emploi supérieure de 1,8 point. La différence est

TABLEAU 8. — **Le commerce en France
et aux Etats-Unis**
(taux de croissance annuel moyen de 1970 à 1985)

	France	Etats-Unis			
	Ensemble du commerce	Ensemble du commerce	Gros	Détail	Détail hors restauration
Valeur ajoutée en volume	2,8	3,4	3,8	3,1	3,2
Productivité horaire	3,1	1,4	1,5	0,9	1,6
Durée du travail	— 0,8	— 0,7	— 0,2	— 0,9	— 0,6
Emplois	0,5	2,7	2,4	2,8	2,2

Source : J. Dessaint et F. Ecalle, *Travail et emploi*, juin 1987.

imputable pour 1,5 point à la productivité horaire.

Dans le cas de la restauration, la croissance de l'activité est nettement plus forte aux Etats-Unis (différence de 1,8 point). Mais pour expliquer un écart de 3,4 points entre les rythmes de progression de l'emploi, il faut encore faire intervenir une différence de 1,2 point entre les gains de productivité horaire. En France, les rendements horaires augmentent très légèrement dans la restauration. Aux Etats-Unis, ils diminuent. L'observation empirique d'un garçon de café parisien et d'un serveur de « fast-food » de Los Angeles suggère d'ailleurs assez vite que les niveaux actuels de la productivité sont très différents. Il paraît donc nécessaire d'analyser plus précisément ce point.

III. — **La productivité dans les services**

1. **Les facteurs de productivité.** — On distingue classiquement en économie les effets de la substitution

capital-travail et du progrès technique pour expliquer les variations de la productivité horaire du travail. Dans le cas des services il faut aussi prendre en compte certains biais statistiques.

A) *La substitution capital-travail*. — Pour un état donné des technologies disponibles, les entreprises peuvent, pour produire une même quantité de biens ou de services, choisir entre des combinaisons différentes des facteurs capital et travail. Les sociétés de transport ont ainsi le choix, pour une même production en passagers-kilomètres, entre des composteurs automatiques et des poinçonneurs humains. La firme utilise la combinaison capital-travail qui lui permet de minimiser ses coûts compte tenu des prix respectifs de ces deux facteurs de production.

Si, pour une raison étrangère à la firme, le prix du travail augmente par rapport à celui du capital il en résulte une diminution du travail utilisé au profit du capital. Le ratio valeur ajoutée sur quantité de travail utilisée (effectif × horaire) augmente donc. On observe des gains de productivité (du travail).

Les possibilités de substitution capital-travail sont beaucoup plus nombreuses qu'on ne l'imagine souvent dans le tertiaire. L'homme y est ainsi très fréquemment en concurrence avec les systèmes informatiques, bureautiques, télématiques... Il peut aussi se voir préférer de véritables machines industrielles (équipements de manutention dans le commerce de gros, machines à laver dans la restauration...). Des études américaines ont montré que les branches du tertiaire sont loin d'être toujours les moins capitalistiques.

A ce phénomène, il faut en ajouter un autre qui a les mêmes effets statistiques et qui est sans doute assez courant dans les services, à savoir ce qu'on pourrait appeler la substitution travail salarié / travail non salarié. Les indépendants représentent 18,3 % de l'emploi des services marchands français (20,7 % dans le commerce, 34,2 % dans les hôtels-cafés-restaurants et 33,2 % des services divers aux particuliers). Pour offrir leurs services, ils doivent arbitrer entre leur propre temps de travail et celui des salariés qu'ils peuvent embaucher ou faire travailler en heures supplémentaires. Ce choix dépend des niveaux respectifs des salaires et de la rémunération qu'attend le chef d'entreprise de son propre travail (analogue au coût du capital). Il peut donc y avoir une substitution de travail non salarié à du travail salarié. Or, la productivité horaire mesurée par les statisticiens ne tient pas compte des variations de la durée du travail des indépendants qu'il est quasiment impossible d'évaluer. Une diminution des heures salariées au profit des heures non salariées se traduira donc statistiquement par une diminution de la quantité de travail et une amélioration de la « productivité horaire apparente ». Sachant que le poids des indépendants dans les effectifs du tertiaire est important et que leur temps de travail peut varier fortement, cette sorte de substitution ne doit pas être négligeable.

Les essais de mise en évidence économétrique des mécanismes de substitution capital-travail dans les services sont rares et pas toujours concluants. Ces travaux ont généralement pour objet précis de déterminer l'élasticité de l'emploi au salaire réel. Il semble que celle-ci soit significative aux Etats-Unis et au Japon où les variations des salaires réels contribueraient nettement aux inflexions de la productivité. En France, cette variable ne serait vraiment déterminante que dans les transports et télécommunications au sein du tertiaire (et seulement dans le commerce en RFA). D'autres études concluent toutefois à une élasticité significative de l'emploi au prix relatif du travail en France dans divers services marchands aux ménages (hôtels-cafés-restaurants, réparation de l'automobile...). Notons enfin qu'en Grande-Bretagne les services ont été soumis de 1966 à 1974 à une taxe spécifique sur les salaires, la « selective employment tax » destinée à compenser leur caractère « abrité ». Des travaux économétriques ont montré qu'elle avait eu un impact négatif sur l'emploi.

L'analyse économétrique du lien entre emploi et salaires est compliquée par les difficultés de mesure des coûts du travail et du capital. Le prix du capital retenu n'est souvent qu'une approximation. Il en est de même du salaire horaire qui ne traduit pas toutes les charges liées à l'utilisation du facteur travail (charges fiscales, absence de flexibilité, formation...). Enfin, il est clair que d'autres variables expliquent mieux la variation des effectifs, en particulier l'évolution de l'activité, les cycles de productivité inhérents à la flexibilité imparfaite du travail ou le progrès technique. La mise en évidence, aussi prudente soit-elle, d'une élasticité de l'emploi au salaire suggère que les phénomènes de substitution capital-travail ont une importance non négligeable. Les considérations de prix ne sont certainement pas étrangères au choix fait par la RATP ou la SNCF de remplacer leurs poinçonneurs par des composteurs alors même que ces deux entreprises ne sont pas toujours censées maximiser leurs profits.

B) *Les facteurs techniques.* — La substitution capital-travail joue pour un état donné des technologies et un niveau de production déterminé. Or, ce niveau de production et cet état des technologies peuvent changer au cours du temps et modifier à leur tour la productivité du travail.

Un accroissement du niveau de production peut ainsi se traduire par des économies d'échelle, c'est-à-dire par une augmentation moins que proportionnelle des facteurs utilisés, en particulier le travail. Les grandes surfaces ont des rendements plus élevés que les petits magasins. Il en est de même pour les avions. La mise en commun des achats, de la logistique ou du marketing par des petites sociétés de services regroupées en chaînes volontaires ou en réseaux de franchisés, leur permet de réduire leurs coûts. La standardisation de certains services (voyages organisés) contribue aussi à en améliorer le rendement.

L'apparition de nouvelles techniques plus efficaces a aussi pour conséquence une diminution du travail utilisé pour un même niveau de production. Il peut s'agir de techniques de gestion. Les méthodes modernes de management pénètrent aussi le tertiaire où elles améliorent la productivité. Mais il s'agit le plus souvent de techniques liées à des équipements de plus en plus sophistiqués.

Les activités de services sont ainsi complètement transformées depuis une quinzaine d'années par le développement des techniques automatisées de traitement de l'information. L'informatique ne bouleverse pas seulement les modes de production des banques, des assurances ou des sociétés de conseil. Elle est de plus en plus largement implantée dans les services traditionnels (lecture automatique des étiquettes dans le commerce, réservation télématique dans le tourisme...).

La pénétration rapide de ces nouvelles technologies laisse même parfois craindre des suppressions massives d'emplois dans des secteurs comme la banque ou l'assurance. Tel n'a pas été le cas jusqu'à présent en dépit des messages d'alerte lancés depuis dix ans. Les gains de productivité ont même plutôt baissé depuis le début des années soixante-dix. Il reste à savoir s'il en sera toujours ainsi dans le futur.

Les travaux de prospective ont des conclusions assez divergentes. Pour s'en tenir aux études américaines, certains prévoient la disparition de 15 millions d'emplois dans les services en dix ans et d'autres annoncent que la croissance démographique ne suffira pas aux Etats-Unis pour que les emplois créés soient occupés. Les prévisionnistes les moins extrêmes s'accordent toutefois pour estimer que les gains de productivité ne seront que très légèrement relevés dans les années à venir du fait de l'informatisation des services. Une même conclusion pourrait être tirée à propos de la France en s'appuyant sur les considérations suivantes.

Le rythme auquel ces technologies pénètrent les entreprises a souvent été fortement surestimé. Les résistances sont nombreuses. Les produits ne sont pas toujours adaptés aux besoins. Les nouveaux systèmes informatiques sont « intégrés » et leur mise en œuvre suppose une révision complète de l'organisation interne, donc des délais importants. L'apprentissage de ces nouvelles techniques est long et n'est pas facilité par le foisonnement et le renouvellement rapide des nouveaux produits.

L'apparition de nouveaux moyens informatiques permet souvent de faire plus de choses avec le même nombre d'employés. Dans les banques cela a permis une multiplication des services offerts et des opérations effectuées. Dans les services d'étude cela contribue à multiplier les projets et les exploitations de données.

Les gains de productivité obtenus grâce à ces technologies permettent d'abaisser les prix et de stimuler la demande. Ils contribuent à limiter la dérive des prix relatifs des services.

Enfin, ces nouvelles techniques étant données, les entreprises peuvent choisir des modes de production utilisant plus largement le facteur travail si les salaires évoluent favorablement. Ceci renvoie au problème de la substitution capital-travail évoqué précédemment.

C) *Les biais statistiques*. — Il y a de bonnes raisons de penser que des biais statistiques conduisent à sous-estimer les gains de productivité dans les services. Leur mesure se heurte en effet à de nombreuses difficultés. La productivité du travail est constituée par le rapport entre la valeur ajoutée en volume et le nombre d'heures travaillées. Le dénominateur ne pose pas trop de problèmes en dehors de celui du développement du temps partiel déjà évoqué qui contribue à sous-évaluer les gains de productivité. Le numérateur en pose beaucoup plus.

La valeur ajoutée d'une branche représente la différence entre sa production et ses consommations intermédiaires (ce qu'elle achète aux autres branches). Elle peut être exprimée aux prix courants ou à prix constants, c'est-à-dire en volume. La mesure de la valeur ajoutée aux prix courants est, pour commencer, quasiment impossible dans les services qui n'ont

pas de prix ou dont les prix n'ont pas de significa-
tion, autrement dit dans les services non marchands.
La valeur ajoutée de ces derniers est mesurée d'une
manière très conventionnelle à partir des coûts de
production (rémunérations pour l'essentiel). La valeur ajoutée des banques et assurances présente aussi
quelques difficultés conceptuelles non négligeables.
Mesurée par la différence entre les intérêts versés et
reçus (dommages remboursés et primes reçues pour
les assurances), elle accuse de très fortes variations
conjoncturelles liées aux variations des taux ou aux
aléas inhérents aux risques couverts.

Pour passer de la valeur ajoutée aux prix courants
à la valeur ajoutée en volume il faut diviser la première par l'indice du prix de cette valeur ajoutée.
Il faut alors déterminer l'évolution de ce prix. Deux
méthodes sont disponibles. La première consiste à
partir des prix des facteurs de production entrant
dans la formation de la valeur ajoutée et à en faire
une moyenne pondérée. La seconde découle de la
définition de la valeur ajoutée, différence entre la
production et les consommations intermédiaires, et
utilise les prix de vente du produit fourni et d'achat
des produits consommés.

La première méthode est employée pour les services dont le prix de vente est difficile, voire impossible, à mesurer. C'est notamment le cas pour les
services non marchands mais aussi pour de nombreux
services aux entreprises. Le seul facteur dont le prix
soit aisément mesurable étant le travail, la valeur
ajoutée y est souvent déflatée par le taux de croissance
des salaires, en particulier pour les services non marchands. Comme la valeur ajoutée de ceux-ci est à peu
près égale par convention à la masse des rémunérations, ce calcul aboutit à approcher le volume de
valeur ajoutée par les effectifs et conduit à ne jamais

trouver de gains de productivité. En fait cette présentation est un peu trop schématique. Les hausses de salaires utilisées comme déflateur de la valeur ajoutée ne tiennent pas compte des glissements liés à l'avancement ou à l'évolution des qualifications. On trouve donc des gains de productivité dans l'administration qui sont assez proches des effets sur la masse salariale des évolutions de la technicité et de la pyramide des âges. Toujours est-il que l'amélioration du service public rendue possible par une automatisation des procédures sans modification des effectifs ou des rémunérations risque d'être sous-évaluée ainsi que les gains de productivité consécutifs.

La deuxième méthode est la plus fréquente. On connaît en effet l'évolution des prix de nombreux services en particulier de ceux qui sont destinés aux ménages (la mesure des prix des consommations intermédiaires renvoie au problème général de la mesure des prix de vente des biens ou des services). Ces évolutions sont précisées dans les statistiques mensuelles de l'INSEE relatives aux prix des consommations des ménages. Mais ces mesures ne sont pas dénuées d'ambiguïté.

Supposons qu'un coiffeur consacre des sommes importantes à l'amélioration du confort de son établissement. Il va répercuter les coûts subis sur ses tarifs ce qui pour les clients sera compensé par une qualité supérieure. Le statisticien observera cette hausse de prix et n'aura aucun moyen d'en analyser les causes. Il enregistrera donc une croissance des prix alors qu'il s'agit d'une augmentation de la qualité du service et donc du volume de service produit sachant que, en théorie et pour les statisticiens, la croissance du volume produit doit intégrer aussi bien la croissance de la quantité que celle de la qualité de production. Dans ces conditions, les statistiques surestimeront la croissance réelle des prix, pure de tout effet qualité, et sous-estimeront celles du volume de la valeur ajoutée et de la productivité.

On rencontre parfois les mêmes problèmes dans la mesure des prix industriels. Mais, par nature, ils sont plus fréquents dans les services où la qualité joue un rôle prédominant et se prête beaucoup plus difficilement à une mesure objective. Si cette qualité s'améliore régulièrement dans les services il y a là une explication à la fois de la forte croissance des prix et de la faible croissance de la productivité dans ce secteur.

2. **Les enseignements pour la politique économique.**

A) *Le cas du commerce*. — Reprenons la comparaison des évolutions de l'emploi dans le commerce en France et aux Etats-Unis. Leur divergence s'explique surtout par des gains de productivité nettement plus faibles aux Etats-Unis. On peut ajouter à celà que les taux de marque (marge commerciale / chiffre d'affaires) sont plus bas en France et qu'ils y diminuent alors qu'ils augmentent aux Etats-Unis. Il en est de même pour les taux de valeur ajoutée (valeur ajoutée / production, la production étant assimilable à la marge commerciale dans la distribution) et les taux de rentabilité.

Ce sont là des indices d'une concurrence plus vive en France qu'aux Etats-Unis. Il est en effet certain que la concurrence a été très vive au sein du commerce français au cours de ces dernières années en dépit de la loi Royer qui n'a pas d'équivalent américain. Cette loi a été gérée assez souplement par les ministres du Commerce successifs. Le développement des grandes surfaces a été étalé dans le temps mais non stoppé. La France dispose aujourd'hui d'une densité de grandes surfaces par rapport à sa population comparable à celle de ses voisins. Leur répartition est telle que les situations de position dominante sur une zone de chalandise sont rares, en tout cas en zone urbaine sauf à Paris intra-muros (c'est beaucoup moins vrai en zone rurale). Sous la pression de groupements d'indépendants tels que Leclerc et Intermarché les grands distributeurs français se sont livrés à une forte concurrence par les prix depuis le milieu des années soixante-dix. Cette compétition a induit une baisse des taux de marque et de valeur ajoutée. Elle a aussi permis aux grandes surfaces, grâce à leurs prix, de prendre régulièrement des parts de marché au petit commerce. Ce transfert de parts de marché du petit commerce vers le grand se traduit par des économies d'échelle et des gains de productivité.

La révolution des grandes surfaces était déjà quasiment terminée en 1970 aux Etats-Unis alors qu'elle ne l'est pas encore en France. Les grandes surfaces représentent 28 % du commerce de détail américain et 19 % en France en 1985 (sur la base de la nomenclature américaine). Les gains de productivité liés à l'extension du grand commerce sont donc désormais très faibles aux Etats-Unis. De plus, ces guerres de prix ont eu lieu plus tôt aux Etats-Unis et ont débouché pour beaucoup de firmes sur le développement d'une stratégie de différenciation par les services, nettement plus rentable pour beaucoup d'entre elles.

Cette stratégie s'est notamment traduite par l'élargissement des horaires d'ouverture permis par l'abrogation progressive, Etat par Etat, des lois interdisant le travail le dimanche. Aujourd'hui 98 % des succursalistes alimentaires ouvrent le dimanche et 25 % ouvrent 24 heures sur 24. Les grandes surfaces américaines proposent de plus en plus souvent dans leur enceinte des services commerciaux traditionnels exigeant une présence humaine (découpe sur place de la charcuterie, démonstrations de techniciens...). Il est normal d'y trouver à la sortie des caisses des employés qui aident les ménagères à ranger leurs marchandises. Cela n'exclut pas l'apparition récursive et le développement de *discounters* et super *discounters* qui viennent rappeler que le prix reste un argument de vente fondamental aux chaînes qui tendent à s'assoupir sur la qualité de leurs services.

Cette expansion des services rendus comporte un coût qui est intégré dans la marge du distributeur et dans le prix du produit vendu. Elle se traduit donc par un relèvement des prix, du taux de marque et du taux de valeur ajoutée. Or, les statisticiens assimilent le volume de service commercial rendu à la quantité de marchandises vendues. Ils n'enregistrent donc aucun accroissement du volume de service mais seulement des prix et des marges en valeur. Comme le développement de ces services a nécessité l'embauche de nouveaux salariés, la productivité horaire apparente du travail apparaissant dans les statistiques diminue automatiquement.

L'écart entre les gains de productivité du commerce aux Etats-Unis et en France peut donc être expliqué par un stade de développement différent de la révolution des grandes surfaces. Il peut aussi l'être par des stratégies de concurrence par les prix en France et par les services aux Etats-Unis, cette dernière stratégie étant à l'origine d'un biais statistique tendant à réduire les gains de productivité mesurés.

Si des stratégies de différenciation par les services sont plus facilement adoptées aux Etats-Unis c'est probablement parce que le coût de ces services, et donc leur prix relatif, a évolué favorablement. Or, ce coût est essentiellement constitué par des charges de personnel qui, dans le commerce de détail américain, ont très peu augmenté. Le salaire horaire y égalait 76 % de la moyenne du secteur privé en 1970 et 69 % en 1985. Dans le cas de la seule restauration, il est passé de 58 % à 52 %. C'est dans cette branche que les rémunérations sont les plus basses et augmentent le moins vite.

Ceci a eu pour conséquence une croissance mesurée du prix des services commerciaux par rapport aux revenus moyens des Américains. Les effets négatifs de toute hausse du prix relatif d'un service sur la demande ont ainsi été considérablement atténués. Ce mécanisme favorable à l'emploi a été renforcé par un ralentissement de la substitution capital-travail dû à la modération des hausses de salaires. En France, les évolutions ont été tout à fait différentes puisque les salaires horaires dans le commerce de détail ont toujours été à peu près égaux à la moyenne du secteur privé.

B) *La généralisation du cas de la distribution.* — L'exemple du commerce peut être généralisé et permettre d'expliquer les écarts de productivité entre la France, ou les autres pays d'Europe, et les Etats-Unis. Pour la plupart des services traditionnels, la révolution des grandes surfaces peut être remplacée dans l'analyse par le développement de groupes à succursales multiples qui s'imposent peu à peu face aux commerçants indépendants (dans l'hôtellerie, la restauration, les loisirs...). Aux Etats-Unis, les non-salariés ne représentent plus que 7,5 % des emplois non agricoles, cette proportion étant plus élevée dans les autres pays (10,5 % en France) qui les rejoignent progressivement.

Il est plus difficile pour ce qui concerne les services autres que le commerce d'opposer une stratégie de différenciation aux Etats-Unis et de concurrence par les prix en France. Les cafés français ne se livrent pas à une féroce concurrence sur leurs tarifs alors que les compagnies aériennes américaines l'ont fait à la suite de la déréglementation de leur activité. On trouve tout de même des exemples de cette opposition dans certaines branches. Les chaînes hôtelières françaises essaient de promouvoir des formules d'hébergement à une étoile au plus bas prix. Les chaînes américaines cherchent plutôt à offrir le plus de facilités à leurs clients.

Mais la comparaison entre la France et les Etats-Unis est généralement faussée par des réglementations qui, en France, entravent toute concurrence par les prix ou par les services. Comme on le verra dans la troisième partie, la compétition est limitée par des barrières réglementaires à l'entrée. A l'exception du commerce, le contrôle des prix a réduit la concurrence par les prix. En effet, les firmes ont pris l'habitude d'adopter les tarifs maxima fixés par l'administration ou négociés avec elle par des syndicats professionnels à qui on a donné ainsi un pouvoir officiel de cartellisation. Enfin le contrôle des prix gênait toute différenciation significative par les services.

Il reste que ce problème de stratégie par les prix ou par les services apparaîtra en France au fur et à mesure que ces réglementations seront levées (c'est déjà le cas pour le contrôle des prix). De même l'évolution des salaires est certainement un déterminant capital du comportement des entreprises. C'est le moteur principal des phénomènes de substitution capital-travail et un facteur essentiel du mouvement des prix relatif dans les services (même si ce n'est pas le seul, le prix des services n'étant pas constitué que de salaires).

Il apparaît donc que la modération des salaires réels dans les services traditionnels, est une condition nécessaire de la croissance de l'emploi dans ces activités qui, l'exemple américain le montre, peuvent en engendrer beaucoup. Mais le plus important est d'avoir un éventail de revenus dans la société tel que le prix des services traditionnels soit suffisamment attractif pour le consommateur moyen. Cela veut dire que les salaires dans ces services doivent être nettement inférieur au salaire moyen. En France cela conduit inévitablement à réfléchir sur les modalités de fixation du salaire minimum lequel est d'ailleurs gelé aux Etats-Unis au même niveau qu'en 1981. On peut ainsi noter que du début des années soixante-dix au début des années quatre-vingts, la dispersion des salaires s'est accrue aux Etats-Unis tandis qu'elle restait la même, voire diminuait en France et dans le reste de la CEE.

Il faut enfin noter que l'extension des horaires d'ouverture est un élément de base d'une stratégie de différenciation par les services. Pour la mener à bien, encore faut-il qu'une telle politique ne soit pas entravée par une interdiction du travail le dimanche, voire le samedi et en fin d'après-midi pour les banques (dans leur cas, c'est le travail par roulement sur un même poste qui est interdit ce qui en pratique oblige à n'ouvrir au mieux que 5 fois huit heures par semaine).

CHAPITRE III

PRIX, CONCURRENCE ET RÉGLEMENTATION

I. — Les diverses catégories de réglementation

L'intervention de l'Etat dans le domaine des services s'exerce essentiellement à travers la réglementation de ces activités. Les sociétés de services sont naturellement astreintes au respect des réglementations horizontales que sont, par exemple, les codes du travail ou du commerce. Nous les laisserons de côté pour nous intéresser aux réglementations spécifiques à des secteurs particuliers que l'on peut regrouper en trois catégories.

Il existe d'abord des réglementations techniques assujetissant l'exercice d'une activité au respect de certaines normes. Celles-ci peuvent concerner les personnes impliquées dans le processus de production. Il faut ainsi un diplôme pour exercer de nombreuses professions (médecins, architectes...). Elles peuvent aussi s'appliquer au produit ou à l'entreprise. Les services de transport aérien doivent respecter des règles de sécurité. Les comptes des établissements de crédits doivent satisfaire des ratios prudentiels.

En principe, ces réglementations n'ont pas pour objet de limiter l'entrée de nouvelles entreprises.

Tout agent qui s'y conforme peut exercer l'activité considérée. En fait, elles peuvent permettre une certaine régulation des flux d'entrée. Le degré de sélectivité au cours des étapes successives du cursus des étudiants en médecine peut être un moyen de contrôler l'arrivée de nouveaux médecins sur le marché du travail. Du fait de leur existence même, ces réglementations constituent une barrière à l'entrée qui touche plus particulièrement les concurrents potentiels étrangers. En effet, ceux-ci sont déjà soumis au respect d'autres normes et doivent fournir un effort supplémentaire pour s'adapter s'ils veulent pénétrer le marché national. Si ces normes techniques sont utilisées à des fins corporatistes ou protectionnistes, elles entrent dans la seconde catégorie à savoir les réglementations économiques ayant pour objet de limiter l'accès à un secteur d'activité.

Certaines réglementations économiques de l'entrée conduisent d'abord à fixer précisément le nombre d'entreprises sur un marché. Un monopole peut être attribué à un opérateur. Il en est ainsi des communes, et d'EDF par délégation, pour ce qui concerne la distribution d'électricité sur leur territoire. Un marché peut être partagé entre deux ou trois firmes formant un oligopole. C'est le cas des liaisons aériennes internationales. Le nombre de producteurs est parfois beaucoup plus important, notamment dans le cadre d'un régime de *numerus clausus*. Le nombre de taxis parisiens est ainsi strictement réglementé et n'a quasiment pas varié depuis 1937.

D'autres réglementations économiques de l'entrée ont clairement pour objet de limiter l'accès à un marché sans toutefois fixer un nombre précis d'opérateurs. C'est notamment le cas de la loi Royer pour les grandes surfaces. De même, certains marchés sont interdits à des entreprises exerçant leur activité sur des marchés voisins, d'un point de vue sectoriel (certains produits financiers sont ainsi réservés à des réseaux particuliers d'établissements de crédit) ou géographique (un commissaire priseur parisien ne peut pas intervenir à Marseille). D'autres marchés sont inaccessibles aux entreprises ayant choisi certaines formes d'organisation : le propriétaire et l'exploitant d'une officine pharmaceutique devant être la même personne, ce secteur est interdit à d'éventuelles grandes entreprises regroupant de nombreux établissements.

Le contrôle administratif des prix, dans la mesure où son application est variable d'une branche à l'autre, constitue la troisième catégorie de réglementations sectorielles étudiée. Il convient de souligner qu'il portait presque toujours sur les hausses de prix effectuées et non sur le niveau des prix généralement fixé en toute liberté par l'entreprise lorsque le service est offert pour la première fois. On peut aussi noter le cas particulier du commerce où le contrôle porte en général sur le taux de marque (ventes-achats / ventes). La marge des distributeurs (ventes-achats), laquelle rémunère les services qu'ils rendent, est ainsi liée à l'évolution du chiffre d'affaires. Le contrôle des prix a toujours plus spécialement touché les services, en particulier ceux qui sont soumis à une réglementation de l'entrée dont il constitue souvent le complément indispensable.

II. — Les justifications des réglementations économiques de l'accès aux marchés

On s'intéresse aux réglementations économiques de l'entrée sur les marchés, qu'elles fixent ou non un nombre précis d'opérateurs.

Ces réglementations, que les Anglo-Saxons désignent par le terme *regulation*, peuvent avoir diverses justifications économiques reposant généralement sur la perception d'une déficience des mécanismes de marché. Nous les passerons en revue en commençant par les plus solides qui peuvent être présentées dans le cadre des théories du monopole naturel et des marchés contestables.

1. Le monopole naturel contestable.

A) *L'approche traditionnelle*. — Les résultats de la théorie néo-classique ne sont plus acceptables lorsque la production d'un bien ou d'un service se fait avec des rendements continuellement croissants. Dans ce cas les plus grandes unités ont évidemment un avantage qui leur permet d'éliminer leurs concurrents et d'obtenir à plus ou moins long terme, pour l'une d'elles, un monopole qui peut être qualifié de naturel. Ce monopole naturel produira une quantité donnée de biens ou services à un coût plus faible que plusieurs entreprises concurrentes.

Si les conditions technologiques de production d'un bien ou d'un service sont telles qu'on se trouve dans une situation de monopole naturel, il est plus efficace et justifié économiquement qu'une seule entreprise opère sur ce marché. Il est ainsi clair que pour la plupart des liaisons interurbaines, il est préférable d'avoir une seule voie ferrée plutôt que plusieurs ce qui explique le monopole accordé aux sociétés de chemins de fer.

Il reste cependant un problème à résoudre. Les prix ne permettent d'atteindre un état optimal, au sens de Pareto, que s'ils sont égaux aux coûts marginaux. Or, toute entreprise détenant un monopole désireuse de maximiser ses profits fixe un prix supérieur à son coût marginal et produit moins que si elle était en situation de *price-taker*.

Un contrôle administratif des prix pratiqués est donc nécessaire pour qu'ils soient les plus efficaces possibles pour la collectivité. Cette intervention dans la gestion de l'entreprise peut prendre deux formes. En Europe, ces « grands monopoles » ont généralement été nationalisés (SNCF) et sont même parfois exploités par une administration (Postes et Télécommunications). Aux Etats-Unis, ils sont plus souvent confiés à des entreprises privées placées sous la tutelle de l'administration ou d'une agence fédérale. Pendant très longtemps le monopole des télécommunications y a été attribué à ATT sous le contrôle de la Federal Communication Commission.

Il faut à ce propos souligner que, en dépit de la confusion qui est très fréquemment faite, la question de la déréglementation et celle de la dénationalisation sont parfaitement distinctes. Il y a des entreprises publiques réglementées (Air-Inter) et non réglementées (Méridien, la filiale hôtelière d'Air-France) ainsi que des entreprises privées réglementées (les Pompes funèbres générales lorsqu'une commune leur délègue le monopole des services funéraires sur son territoire) et non réglementées (Carrefour).

Il reste que cette approche traditionnelle du monopole naturel, qui peut être généralisée aux cas d'oligopoles naturels (transport aérien), souffrait de nombreuses imperfections. Elle n'avait d'abord été étudiée que pour les firmes fabriquant un seul produit. Mais surtout, si elle légitime l'existence d'un monopole, elle ne justifie pas vraiment la mise en place de barrières réglementaires à l'entrée. Si, en effet, le monopole est la forme d'organisation la plus efficace sur ces marchés, il n'y a pas lieu de craindre l'entrée de nouveaux concurrents par définition moins compétitifs parce que plus petits au départ. Cette crainte est d'autant moins compréhensible que les prix fixés par l'administration ne permettent généralement pas de faire de profits substantiels et rendent ainsi le marché peu attractif. En outre, l'existence du monopole naturel est souvent lié à des investissements lourds constituant autant de barrières naturelles à l'entrée.

B) *Le monopole naturel et la contestabilité*. — La définition du monopole naturel a d'abord été élargie au cas des firmes ayant plusieurs activités. (Les considérations qui suivent peuvent être élargies facilement aux situations d'oligopoles naturels sur lesquelles nous ne nous attarderons pas.) Etant donné les quantités des divers biens et services qu'elle produit, une entreprise est en situation de monopole naturel lorsque son coût de production est inférieur à la somme des coûts qu'auraient à supporter plusieurs entreprises entre lesquelles seraient réparties ces mêmes quantités quelle que soit la répartition. Plus généralement, l'ensemble des activités exercées par cette firme a une structure de monopole naturel si la propriété précédente est vraie pour toute combinaison de quantités produites de ces biens et services permettant à cette entreprise d'avoir un profit positif. On dit alors aussi que la fonction de coût est sous-additive.

Cette extension aux multi-productions est essentielle pour analyser les activités de services. En effet, le service proposé par une entreprise du tertiaire est bien souvent, en réalité, composé d'un grand nombre de services élémentaires distincts. La production de transport aérien est, en fait, une production de multiples services correspondant à des itinéraires, des clientèles, des horaires précis.

La notion de monopole naturel renvoie assez largement aux concepts d'économie d'échelle et d'économie d'envergure. Il y a des économies d'échelle lorsque, multipliant les quantités produites par une firme par un coefficient A quelconque, son coût de production est multiplié par un coefficient inférieur à A. Il y a des économies d'envergure, ou encore des synergies, lorsque la production conjointe de plusieurs services a un coût plus faible que leur production séparée par des firmes distinctes. Les relations entre ces trois concepts sont moins simples qu'il ne paraît. L'existence simultanée d'économies d'échelle spécifiques à chaque produit et d'économies d'envergure est ainsi une condition suffisante de monopole naturel. Mais il n'existe pas de conditions nécessaires et suffisantes.

La théorie du monopole naturel a aussi été enrichie par son rapprochement avec celle des marchés contestables. Cette dernière porte essentiellement la marque de W. Baumol mais se situe dans un courant ancien d'analyse des barrières à l'entrée et des situations de « concurrence potentielle ».

Un marché est contestable lorsqu'une firme qui n'y est pas encore présente peut y entrer et en sortir librement sans supporter, pendant la période où elle y est active, de coûts supérieurs à ceux de la, ou des, firmes en place.

La libre entrée signifie qu'il n'y a pas de barrières réglementaires ou technologiques qui pourraient l'entraver. Ces problèmes sont bien connus depuis longtemps et l'originalité de la théorie des marchés contestables est de mettre l'accent sur les barrières à la sortie et les coûts supportés pendant la période d'activité de l'entrant.

L'exemple du transport aérien permet de mieux comprendre l'apport de cette théorie. La desserte d'une liaison entre deux villes donne généralement lieu à des économies d'échelle. Il est préférable d'exploiter un seul avion gros porteur plutôt que plusieurs petits. L'importance de l'investissement nécessaire pour acquérir un appareil de grande capacité a jusque-là été considérée comme une barrière à l'entrée de ce marché empêchant la concurrence d'y jouer pleinement. Ce que met en lumière la théorie des marchés contestables, c'est que cet avion peut très bien être revendu sur un marché d'occasion par la firme entrée dans ce secteur si elle doit en sortir. Le cas échéant, elle n'aura supporté que les coûts d'exploitation et l'amortissement économique de cet appareil, c'est-à-dire les mêmes charges que la firme en place. (Elle peut aussi louer l'avion.) Le marché du transport aérien apparaît alors parfaitement contestable tout en présentant une structure d'oligopole naturel sur chaque liaison.

Dans les secteurs où il n'y a pas de coûts fixes irréversibles, c'est-à-dire non récupérables à la sortie (*Sunk costs* en anglais) la théorie des marchés contestables met en évidence la possibilité pour une firme extérieure d'entrer sans risquer de pertes excessives au cas où elle serait obligée de se retirer. Mais au lieu de se retirer, elle peut aussi supplanter la firme anciennement en place si celle-ci s'avère avoir des prix trop élevés quand bien même le marché présenterait une structure de monopole naturel.

C) *La notion de système de prix soutenable*. — Pour déterminer si l'entrée sur un marché présentant une configuration de monopole naturel contestable doit être réglementée ou non, il faut auparavant traiter une autre question, à savoir celle de l'existence d'un système de prix soutenable.

Considérons une entreprise en situation de monopole contestable, que ce monopole soit naturel ou non, offrant plusieurs services et fixant un prix de vente pour chacune de ces activités. Le système de prix ainsi défini est soutenable si les trois conditions suivantes sont satisfaites :

— la demande pour chaque produit est satisfaite aux prix ainsi fixés ;
— cette entreprise obtient globalement un bénéfice nul ou positif ;
— aucun concurrent ne peut pénétrer de manière profitable sur l'un ou plusieurs des marchés servis par le monopole en proposant des prix inférieurs et en ne servant, éventuellement, qu'une partie de la demande à ces prix plus bas.

La troisième condition assure la viabilité et la stabilité du monopole pour ce système de prix. Aucun entrant potentiel n'est en effet incité à pénétrer sur ce marché, même en ne satisfaisant qu'une partie de la demande s'exprimant pour les prix plus bas qu'il pourrait proposer.

Mais les prix pratiqués par les firmes en situation de monopole opérant sur des marchés contestables sont loin d'être toujours soutenables. Lorsqu'elles ont plusieurs activités, cela tient souvent à l'existence de subventions croisées entre ces activités. En simplifiant, il y a des subventions croisées lorsque, pour un bénéfice global nul, les profits dégagés sur certains services compensent les pertes enregistrées sur d'autres activités.

Lorsqu'une firme pratique des prix non soutenables, c'est-à-dire effectue des péréquations de prix excessives entre ses activités, des concurrents peuvent pénétrer sur les marchés où elle réalise des bénéfices et les « écrémer » en prenant sa place. Les prix des télécommunications en France sont ainsi non soutenables dans la mesure où ils sont encore caractérisés par une forte péréquation entre les communications interurbaines surtarifées et les communications locales soustarifées. Les conditions de production de certains services peuvent être telles qu'il n'existe aucun système de prix soutenable.

D) *Les conséquences pour la politique économique.*
— Les concepts de monopole naturel, de contestabilité et de soutenabilité peuvent permettre de guider les décisions des Pouvoirs publics en matière de réglementation des activités de services.

Si un marché n'est pas contestable et si une entreprise y détient un pouvoir de monopole, deux cas de figure se présentent. Ce monopole peut d'abord ne pas être naturel et résulter, par exemple, de pratiques anticoncurrentielles. Le droit de la concurrence doit alors permettre de le démanteler. Si ce démantellement s'avère impossible, il convient de contrôler les prix pratiqués. Mais ce monopole peut aussi être naturel. Seule une réglementation des prix s'impose encore. Dans les deux cas de figure aucune réglementation de l'accès n'est nécessaire par définition même de la non-contestabilité du marché.

On peut signaler à ce propos que la contestabilité est une propriété relative. Un marché est plus ou moins contestable. Le problème est de déterminer si la contestabilité est suffisamment faible pour qu'une réglementation de l'accès soit inutile.

Il faut aussi noter que même dans le cas de monopole naturel incontestable, il existe des moyens d'instaurer une certaine concurrence. La distribution d'eau dans une commune constitue manifestement un monopole naturel peu contestable (l'entreprise qui voudrait entrer en créant un second réseau aurait du mal à trouver un repreneur en cas d'échec). Or, cette activité peut être concédée pour une période déterminée, par appel d'offres, à l'exploitant qui propose de pratiquer les prix les moins élevés. A travers cet exemple, on voit que les Pouvoirs publics peuvent prendre en charge la construction d'équipements non récupérables entraînant une non-contestabilité du marché et faire jouer la concurrence au niveau de l'exploitation, c'est-à-dire de la prestation de services, à travers des appels d'offres périodiques.

Si un marché est contestable sans présenter une configuration de monopole naturel, aucune réglementation n'est nécessaire. S'il s'agit d'un monopole naturel contestable l'intervention publique doit dépendre de l'existence ou non de prix soutenables.

Si aucun système de prix soutenable ne peut être trouvé, la réglementation économique de l'accès au marché est nécessaire. La liberté d'entrée conduirait en effet à des écrémages et à des configurations non optimales. Le contrôle des prix pratiqués en est le corollaire indispensable.

Si l'entreprise peut fixer des prix soutenables, la réglementation n'est plus nécessaire. Aucun écrémage n'est possible. Un nouvel entrant sur le marché ne peut se maintenir qu'en supplantant complètement la firme en place. Le monopole naturel est alors préservé et seul son « titulaire » change.

Le caractère contestable de ce marché assure même que ce remplacement est automatique lorsque l'entreprise en place pratique des prix sensiblement supérieurs à ses coûts ou lorsqu'elle a des coûts eux-mêmes trop élevés.

Si des prix soutenables existent, la contestabilité du marché oblige le monopole à les pratiquer. Ce sont des prix dits de « Ramsey-Boiteux » dont les propriétés sont très intéressantes. Ils permettent en effet à une entreprise de maximiser le bien-être global des producteurs et des consommateurs tout en respectant son équilibre budgétaire.

La théorie des marchés contestables apparaît ainsi comme un substitut à la théorie traditionnelle de la concurrence pure et parfaite où l'hypothèse d'atomicité des producteurs peut être levée et remplacée par celle de contestabilité sans que les conclusions sur les résultats bénéfiques du libre jeu du marché soient particulièrement amoindries.

2. **La concurrence destructrice.** — Le caractère destructeur de la concurrence est une justification des réglementations économiques de l'accès à un secteur, beaucoup moins élaborée que l'existence d'un monopole naturel contestable et non soutenable. La notion de la concurrence destructrice correspond en fait à deux configurations de marché peu compatibles.

La concurrence peut d'abord être destructrice dans des secteurs où les coûts fixes sont élevés et qui se trouvent dans une phase de dépression. L'entrée de nouveaux concurrents avive la concurrence et peut conduire les firmes en place à vendre au coût marginal de court terme et à faire des pertes. Un prix égal au coût marginal de court terme est en effet insuffisant pour réaliser l'équilibre budgétaire lorsque les capacités sont excédentaires. Il peut en découler des faillites avec tous les dommages pour l'environ-

nement des entreprises qu'elles occasionnent généralement.

Dans ce cas de figure, seule une réglementation
temporaire de l'accès pourrait éventuellement être
justifiée, le retour à une évolution normale du marché
ne permettant plus de légitimer des restrictions. En
fait l'arrivée de nouvelles firmes ne fait qu'accélérer
un ajustement indispensable des capacités de production et il est généralement préférable de faciliter
cet ajustement, éventuellement en l'accompagnant
par des mesures sociales spécifiques, plutôt que de
réglementer l'entrée.

Le deuxième cas de figure correspond aux secteurs
où l'entrée est très facile, où le nombre d'entreprises
est élevé et où il y a un risque de capacités excédentaires et de guerres de prix permanentes. Les profits
pourraient alors tendre vers zéro ce qui entraînerait
des faillites en grand nombre. On peut alors parler
de contestabilité excessive.

Cette argumentation est très souvent développée pour justifier
la réglementation de l'accès à des activités de services. En France,
elle est ainsi (ou a été) invoquée à propos des taxis, du commerce
(loi Royer), des transports routiers, des banques, des assurances, etc.
(d'autres arguments pouvant être avancés en même temps).

En fait, il n'y a aucune raison pour que les profits
soient annulés et qu'une faillite généralisée survienne.
Les bénéfices des entreprises diminueront jusqu'au
moment où ils seront suffisamment faibles pour que
plus personne n'ait intérêt à entrer. Il existe nécessairement un point d'équilibre.

Le problème, pour ceux qui opèrent sur le marché,
est évidemment que le prix et le revenu d'équilibre
peuvent être très faibles. C'est particulièrement vrai
dans le cas de certaines professions où les candidats
bloqués par la réglementation sont nombreux (chauffeurs de taxis par exemple).

La réglementation vise en fait à garantir aux entrepreneurs en place un certain revenu. Sa finalité est alors strictement corporatiste et elle n'a pas de véritable justification économique. On peut seulement admettre que l'Etat éprouve le besoin d'amortir dans le temps les évolutions inévitables dans certaines professions. Une réglementation souple peut contribuer à atteindre cet objectif. Malgré de nombreux effets pervers et le maintien d'un sous-équipement commercial dans certaines zones, la loi Royer a globalement eu cet effet dans le commerce.

3. **Les missions de service public.** — Les bénéficiaires de protections réglementaires contre des entrants potentiels sur leur marché présentent souvent celles-ci comme la contrepartie de missions de service public qu'ils sont obligés d'assurer. Il peut s'agir d'entrepreneurs aussi bien publics (PTT) que privés (notaires). A première vue, il peut sembler absurde d'empêcher de nouveaux agents d'exercer des missions de service public. La question mérite donc d'être approfondie.

Les activités de service public sont essentiellement caractérisées par l'existence d'effets externes positifs pour lesquels le marché ne peut pas rémunérer l'entrepreneur. Mais la solution économique à ce problème réside soit dans des subventions accordées par l'Etat aux entreprises qui prennent en charge ces activités, soit dans une administration directe par l'Etat (ou les collectivités locales) si le secteur privé est déficient. La réglementation de l'accès ne s'impose toujours pas. En fait, elle est le plus souvent liée à l'utilisation d'une autre solution, le financement de ces activités de service public par les ressources provenant d'activités profitables grâce à un système de subventions croisées. Il est alors nécessaire de protéger les marchés bénéficiaires contre de nouveaux entrants pour ne pas entraver le financement du service public. C'est ainsi que la liaison téléphonique entre Paris et Lyon subventionne la liaison entre deux communes de Corrèze, cette dernière étant supposée avoir des effets externes positifs (maintien du tissu rural). La réglementation permet alors d'interdire l'écrémage de Paris-Lyon au détriment de la Corrèze (dans le cas des notaires, la tarification proportionnelle aux sommes en jeu induit des transferts entre grosses et petites affaires donc entre clients aisés et modestes).

Nous sommes devant des marchés contestables où les systèmes de prix ne sont pas soutenables. Mais la réglementation n'est alors vraiment justifiée que si l'ensemble de ces services a une structure de monopole naturel et si il n'existe vraiment aucun système de prix soutenable. On retrouve donc la problématique du monopole naturel contestable. En général les péréquations de prix ne sont pas justifiées économiquement et devraient normalement être remplacées par des subventions de l'Etat si celui-ci estime qu'il y a des effets externes positifs à développer. Cette dernière solution conduit à substituer le contribuable aux consommateurs dans le financement des services publics, ce qui a l'avantage de la neutralité économique et de la transparence (les systèmes de péréquation de prix ne sont généralement pas maîtrisés et l'on ne connaît pas l'importance des transferts), Les prix « vrais » ainsi pratiqués seraient généralement soutenables.

4. **Les autres justifications.** — Il existe aussi des effets externes négatifs. Ils se manifestent par des dommages occasionnés par l'activité d'une entreprise qui n'en supporte pas elle-même le coût. La pollu-

tion en est l'exemple le plus caractéristique. La théorie économique fournit deux solutions à ce problème : la taxation de ces activités, les recettes fiscales permettant éventuellement d'indemniser les victimes, et l'élaboration de normes techniques obligatoires visant à réduire ou à éliminer ces effets indésirables.

De tels effets externes négatifs sont souvent invoqués par les sociétés des services pour justifier des réglementations de l'entrée limitant la concurrence. Celle-ci risque de dégrader la sécurité, pour les compagnies aériennes, d'entraîner des faillites en chaîne, pour les banquiers, ou de déranger leur clientèle dans des moments difficiles, pour les entrepreneurs de pompes funèbres.

La meilleure réponse à ces problèmes n'est cependant pas dans une réglementation économique de l'entrée, mais dans des normes techniques ou des règles déontologiques (ratios prudentiels et obligations d'assurance des ressources empruntées pour les banques par exemple). Si celles-ci s'imposent strictement aux entreprises et si les sanctions sont dissuasives, elles doivent suffire à empêcher l'apparition de ces effets indésirables. Une réglementation de l'entrée visant à restreindre le nombre d'opérateurs n'a aucune justification.

Il y a cependant un lien entre ces normes techniques et la réglementation de l'entrée. Une déréglementation de l'accès à un marché peut y inciter les entreprises à ne pas respecter ces normes pour réaliser des économies et mieux affronter la concurrence. A l'extrême limite, une société au bord du dépôt de bilan et n'ayant plus rien à perdre peut penser avoir intérêt à enfreindre ces règles quelles que puissent être les sanctions. Il est donc clair qu'une déréglementation de l'entrée doit s'accompagner d'un renforcement des réglementations techniques et surtout des sanctions.

La mise en cause de la responsabilité personnelle civile et pénale des dirigeants devrait éviter le cas limite de la compagnie aérienne qui joue son va-tout en ne contrôlant pas la sécurité de ses appareils de manière délibérée.

Une justification assez voisine est parfois donnée à certaines réglementations économiques de l'entrée sur un marché, à savoir la mauvaise information du consommateur sur les caractéristiques du service proposé (qualité de la prestation pour un médecin, solidité financière de la compagnie pour une assurance, sécurité physique pour un voyage en autocar...). Le problème est strictement identique au précédent et peut être résolu par l'imposition de normes, souvent l'exigence d'un diplôme garantissant la qualification des employés ou du chef d'entreprise.

On peut toutefois souligner une différence dans la mesure où il s'agit seulement d'informer le consommateur et non de supprimer des effets externes négatifs. En effet, les normes peuvent alors n'être que facultatives, ceux qui les respectent se voyant attribuer un label assimilable par les clients à une garantie de qualité. Ce caractère facultatif est d'ailleurs souvent préférable, étant donné que les normes techniques obligatoires sont parfois un moyen indirect de limiter le nombre d'entrées sur le marché.

III. — Les leçons de l'expérience américaine

Depuis le milieu des années soixante-dix, les Etats-Unis ont connu un vaste mouvement de déréglementation économique de l'accès aux marchés des services. Cette expérience mérite particulièrement d'être commentée parce qu'elle est la plus complète, parce qu'elle a donné lieu aux analyses économiques les plus intéressantes et parce que les leçons qui peuvent en être tirées sont très largement applicables en Europe. D'ailleurs, au moins par un effet d'imitation, elle est en grande partie à l'origine des expériences européennes. On peut souligner, à ce propos, que si la « déréglementation » a une forte connotation idéologique en France, c'est beaucoup moins le cas aux Etats-Unis où elle a largement été engagée par l'administration démocrate de J. Carter sur la base de considérations au moins autant techniques que politiques.

1. **Les réformes entreprises.** — Il faut d'abord noter que la déréglementation américaine a été réalisée à partir d'une situation déjà moins réglementée qu'en France. En particulier les réglementations touchant les commerces (urbanisme commercial, distribution du tabac...) ou les services « traditionnels » tels que pompes funèbres, commissaires-priseurs..., n'ont jamais vu le jour aux Etats-Unis, ou ont été supprimées depuis longtemps ou sont beaucoup moins contraignantes (certaines réglementations comme celles qui portent sur la distribution de boissons alcoolisées sont cependant plus restrictives aux Etats-Unis). La déréglementation a surtout concerné les télécommunications, les services financiers et les transports.

A) *Les télécommunications*. — La période antérieure à 1984 a été marquée par l'attribution d'un monopole sur l'ensemble du territoire américain à la firme ATT. Le réseau national de télécommunications était supposé constituer un monopole naturel. ATT était placé sous la tutelle de la Federal Communications Commissions qui contrôlait ses prix. Possédant aussi les laboratoires Bell et le constructeur de matériel téléphonique Western Electric, ATT était une société géante réalisant plus de 450 milliards de francs de chiffre d'affaires en 1982.

Dès la fin des années soixante, d'autres firmes ont été autorisées à opérer sur des créneaux très particuliers (transmission de données informatique). A la suite des plaintes de l'une d'elles, le Département de la Justice a engagé un procès contre ATT en 1974 qui a abouti en 1982 à un « arrangement amiable » entraînant la déréglementation du secteur à partir de 1984.

En 1984, ATT a été démantelée et a abandonné le monopole local des communications téléphoniques « de base » à 7 compagnies régionales. Les télécommunications interurbaines, sur lesquelles ATT reste très présente, sont libres ainsi que les télécommunications locales à « valeur ajoutée ». Pour simplifier, il y a « valeur ajoutée » dès que le service consiste à faire plus, ou autre chose, que la seule transmission de la voix humaine : services télématiques, messageries électroniques... Cette distinction entre « services de base » et « services à valeur ajoutée », reprise en Europe dans les projets de déréglementation, est d'ailleurs très floue et largement artificielle. En échange, ATT a obtenu l'autorisation de se lancer sur d'autres marchés (informatique) et de proposer ses services de télécommunications dans d'autres pays.

Les services de télécommunications restent cependant soumis à une réglementation organisant, en particulier, les relations entre les monopoles locaux et les opérateurs interurbains. En effet pour accéder à l'interurbain, le consommateur doit d'abord passer par le réseau de l'opérateur local qui se trouve en situation de monopole, du moins pour le « service téléphonique de base ».

B) *Les banques.* — Afin d'éviter les risques de concurrence destructrice, d'effets externes négatifs liés aux faillites bancaires ou de mauvaise information des consommateurs, les banques américaines ont été depuis la crise de l'entre-deux-guerres soumises à de multiples réglementations (Glass Steagal, Mac Fadden et Banking acts). Celles-ci ont eu pour objet de restreindre la concurrence en réglementant l'entrée sur les marchés par des mesures de cloisonnement. Les cloisons pouvaient être géographiques, une banque d'un Etat ne pouvant pas ouvrir de succursale dans un autre Etat, ou sectorielles avec les distinctions entre banques commerciales, banques d'affaires, caisses d'épargne..., chaque groupe ne pouvant offrir que des services spécifiques interdits aux autres. Les marchés financiers n'étaient pas accessibles aux sociétés non financières. Ces réglementations de l'entrée étaient accompagnées d'un contrôle des prix, c'est-à-dire des taux d'intérêt. En particulier, toute rémunération sur les dépôts à vue était interdite *(Regulation Q)*.

Depuis la fin des années soixante-dix, la plupart de ces réglementations sont contournées avec l'assentiment plus ou moins explicite des autorités ce qui aboutit à une quasi-déréglementation de fait. Les cloisons géographiques et sectorielles sont de moins en moins étanches. Les banques d'un Etat rachètent celles d'un autre Etat et les « Non Bank Banks » offrent des services bancaires sans avoir la qualité de banquier. La législation a toutefois partiellement suivi le mouvement (loi bancaire de 1980 et loi Garn Saint-Germain de 1982) en supprimant le contrôle des taux d'intérêt, y compris sur les dépôts à vue, et en assouplissant les cloisonnements. Ces mesures ont été accompagnées d'un renforcement des normes techniques (ratios prudentiels, assurances des dépôts...) qui a parfois conduit certains à parler de « reréglementation ». Mais comme nous l'avons vu, le renforcement des réglementations techniques n'est que le corollaire indispensable de la déréglementation économique.

C) *Le transport aérien*[1]. — Le transport aérien a longtemps été présenté comme un cas d'oligopole naturel. En outre les compagnies devaient assurer des missions de service public telles que l'exploitation de lignes secondaires déficitaires. Ces considérations ont conduit les Etats-Unis à soumettre à un régime d'autorisation préalable l'exploitation de toute liaison entre deux Etats. Ces licences ont toujours été accordées aux mêmes compagnies depuis la fin de la seconde guerre mondiale. Leurs tarifs étaient contrôlés par l'organisme de tutelle, le Civil Aeronautic Board.

En 1978, le Airline Deregulation Act a programmé à moyen terme la disparition de toutes ces réglementations. Au premier janvier 1985, l'objectif était atteint et le Civil Aeronautic Board dissout. Le contrôle des règles de sécurité, assuré par le Département des Transports, subsiste naturellement.

2. **Les origines de la déréglementation.** — Un examen rapide des origines de la déréglementation est utile dans la mesure où des facteurs semblables sont à l'œuvre en Europe. On n'insistera pas sur le renouveau de l'idéologie dite « libérale » (aux Etats-Unis l'adjectif « libéral » a un tout autre sens).

A) *L'analyse économique*. — Il est peut-être naïf de penser que les travaux des économistes peuvent avoir quelque influence. Ceci dit, leur pouvoir est limité mais pas totalement négligeable et la remise en cause des justifications traditionnelles de la réglementation, en particulier au cours du procès ATT, a sans

---

1. La déréglementation a aussi touché les transports routiers et ferroviaires, que nous ne présenterons cependant pas.

doute pesé sur les décisions juridiques et politiques.

La réalité des monopoles naturels a d'abord été réexaminée. Il est ainsi apparu que si une structure de monopole naturel pouvait être mise en évidence à une échelle régionale (pour les Etats-Unis, ce qui correspond souvent à l'échelle nationale en Europe), elle n'apparaissait plus à l'échelle nationale (d'où l'éclatement d'ATT en monopoles régionaux). De même, une structure de monopole naturel peut être reconnue pour certains services (téléphone) sans pouvoir être étendue à des services voisins (télécommunications avec « valeur ajoutée »). On peut noter que l'évolution des technologies modifie constamment le champ des monopoles naturels.

Dans d'autres cas, il est apparu que même si un monopole naturel existe, celui-ci est à la fois contestable et soutenable. La réglementation de l'entrée est donc sans objet (transport aérien), éventuellement au prix de réaménagements tarifaires.

Les limites des autres modes de justification (concurrence destructrice, effets externes...) ont été appréciées à leur juste valeur ce qui a conduit à la déréglementation des transports routiers (concurrence destructrice) des transports aériens (missions de service public) ou des services financiers (information des clients).

On s'est aussi rendu compte que la détermination des prix par les autorités de tutelle, corollaire de la réglementation de l'entrée, n'obéissait à aucun critère vraiment rationnel. Certains tarifs étant rarement relevés pour des raisons sociopolitiques, il s'ensuivait de multiples subventions croisées sans véritable principe directeur (téléphone). En outre, l'absence de concurrence conduisait à des coûts et prix excessivement élevés sans que les organismes de tutelle puissent y remédier. Les gains de productivité étaient faibles ou accaparés par les propriétaires et salariés des entreprises.

B) *Les pressions de certains agents économiques*. — La réglementation de l'accès au marché a souvent été accompagnée d'un contrôle des prix qui a engendré des systèmes de subventions croisées. Certains services se sont donc trouvés surtarifés, ce qui a entraîné, d'une part, l'apparition d'entrants potentiels désireux d'écrémer ces créneaux, d'autre part, l'insatisfaction des consommateurs de ces services, généralement de grosses entreprises dans la mesure où les péréquations de prix répondaient implicitement à des préoccupations sociales. La conjonction de cette offre potentielle et de cette demande insatisfaite est un puissant facteur de déréglementation.

Ces pressions ont finalement été plus fortes que les freins mis à ces réformes par les entreprises en place qui ont évidemment beaucoup à perdre. C'est particulièrement vrai lorsque les autorisations d'entrer dans un secteur donnent lieu à des licences cessibles sur un marché, ce qui est assez fréquent en France (taxis, débits de tabac, pharmacies...). En effet la libre entrée annule automatiquement la valeur de ces licences pour l'achat desquelles les entreprises en place ont dû payer un prix élevé et qu'elles espéraient revendre au moins pour le même montant. Les firmes anciennement protégées par la réglementation ont parfois reçu une compensation comme la liberté de se diversifier pour ATT.

C) *Les innovations techniques*. — Les réglementations de certains secteurs étaient souvent liées à l'existence d'une technologie unique, stable et relativement simple. Les innovations technologiques ont contribué à inciter de nouveaux entrants, possesseurs des nouvelles techniques, à entrer sur ces marchés et à évincer les firmes en place utilisant des technologies dépassées. En outre, lorsque deux techniques sont en concurrence pour un même service, même si chacune d'elle donne lieu à une structure de monopole naturel, il est sans doute préférable de les laisser en concurrence à travers deux entreprises différentes tant qu'elles ne sont pas stabilisées (télécommunications par câble et par satellite). Enfin certaines innovations rendent beaucoup plus difficile le contrôle des réglementations. L'interdiction de rémunérer les dépôts à vue aux Etats-Unis a pu être contournée par la création de comptes d'épargne fonctionnant quasiment comme des comptes à vue.

3. **Les conséquences de la déréglementation.**

A) *Les conséquences d'une contestabilité certaine*. — Les secteurs déréglementés se sont avérés contestables. Trois ans après la déréglementation, le nombre de transporteurs routiers avait augmenté de moitié. Des compagnies aériennes régionales ont fait une percée remarquée sur le marché national. La concurrence s'est accrue et les prix ont baissé ce qui a entraîné une augmentation de la consommation.

Dans les transports aériens, les tarifs ont diminué suivant les lignes, de 10 à 40 % entre 1978 et 1983 par rapport à ce qu'auraient impliqué les formules de révision de prix automatiques du Civil Aeronautic Board. D'abord freiné par la récession de 1981-1982, le développement de la demande a ensuite été particulièrement rapide.

Il est souvent affirmé que cette croissance de la consommation s'est faite, surtout dans le transport aérien, au détriment de la qualité et de la sécurité. Pour ce qui concerne la qualité des services, il est vrai que pour optimiser les mouvements d'avions, les compagnies ont dû augmenter les coefficients de remplissage et réduire les fréquences sur certaines lignes. Mais, en fait, la plupart des symptômes de dégradation de la qualité (retards, vols annulés...) sont imputables à la saturation des aéroports consécutive à la croissance du trafic. L'absence d'une politique d'adaptation des capacités aéroportuaires par les collectivités locales peut difficilement être mise au passif de la déréglementation. Il reste que, en dépit de ces inconvénients, l'avantage global pour les usagers, effets-qualité compris, a pu être évalué à près de 6 milliards de dollars par an par les économistes Morrisson et Weston dont les estimations ont été reprises par l'OCDE.

Quant à la sécurité, malgré des accidents dont l'impact médiatique a été important, toutes les études montrent qu'elle n'a pas été détériorée à la suite de la déréglementation. Le taux d'accidents par rapport au nombre de voyageurs-kilomètres transportés est resté nettement inférieur aux niveaux antérieurs à 1978.

L'intensification de la concurrence a induit des modifications importantes des parts de marché des producteurs. Les dépôts de bilan dans le secteur financier sont courants. De grandes entreprises ont été conduites à la cessation de paiements comme Braniff (transport aérien) ou Greyhound (transport par autocars). Les anciennes firmes ont pu être pénalisées par des investissements utiles dans un régime réglementé et inutiles après (achats de licences). Mais, globalement, les profits des entreprises ont augmenté. C'est notamment le cas dans les transports aériens en dépit de la récession de 1981-1982.

Le renforcement de la concurrence a incité les entreprises à réduire leurs coûts et donc à agir sur leurs facteurs de production. Les nouvelles compagnies de télécommunications ont cherché à obtenir des matériels au meilleur prix ce qui les a conduites à ne plus acheter exclusivement à des constructeurs américains. La balance commerciale américaine en a été affectée.

Mais les pressions les plus fortes se sont exercées sur le personnel. La recherche de gains de productivité a poussé les compagnies de téléphone à licencier des dizaines de milliers d'employés. Mais les effets les plus sensibles ont porté sur les salaires dans les transports aériens. Les anciennes compagnies nationales où les syndicats étaient puissants versaient des rémunérations particulièrement élevées à leurs employés. Les nouveaux venus dans le secteur sont arrivés avec des salariés non syndiqués et beaucoup moins bien payés. Les anciennes compagnies ont dû renégocier les salaires avec leur personnel à qui elles ont fait accepter des réductions substantielles. En outre, s'est généralisée la pratique d'une double grille salariale, les nouveaux embauchés étant rémunérés à des indices systématiquement inférieurs à ceux des anciens.

Le bilan n'est toutefois pas entièrement négatif pour les salariés. En particulier, la croissance des marchés a permis un développement sensible de l'emploi, dans les transports aériens ($+ 3,8 \%$ par an de 1979 à 1986) ou dans les services financiers et assurances ($+ 4,1 \%$). La croissance a été légèrement positive dans les télécommunications et les transports routiers.

Il semble qu'un processus assez semblable à celui qui a été décrit à propos du commerce dans la seconde partie de cet ouvrage soit à l'œuvre dans les services récemment déréglementés. La plupart des entreprises se rendent compte, à un moment ou à un autre, qu'elles ne peuvent pas poursuivre indéfiniment une concurrence pure par les prix. Elles sont alors amenées à se différencier par les services offerts ce qui contribue à relever les prix mais aussi la qualité des services offerts et le volume de l'emploi. C'est ainsi que les banques cherchent de plus en plus à offrir des services personnalisés à leur clientèle et que les compagnies aériennes proposent de nombreux services annexes au transport (réservation d'hôtels...). Il ne serait donc pas surprenant que les indices de prix enregistrent des hausses à plus ou moins long terme.

B) *Les conséquences de l'existence de monopoles naturels et d'une contestabilité imparfaite.* — Les marchés déréglementés se sont avérés moins contestables que prévus. ATT a pu ainsi maintenir sa position dominante sur les liaisons interrégionales. Mais c'est surtout dans le transport aérien que l'hypothèse de contestabilité a été remise en cause alors qu'elle y était auparavant considérée comme particulièrement bien assurée. En 1987, les quatre premières compagnies détenaient 66 % du marché national. De plus les taux de concentration sont beaucoup plus élevés sur les marchés vraiment pertinents, à savoir les liaisons entre deux villes. Il n'est cependant pas évident que, sur ces marchés pertinents, la concentration soit plus forte qu'avant la déréglementation (la question est compliquée par le fait que les compagnies organisent leur réseau autour d'aéroports centraux propres à chacune et pour lesquels elles assurent forcément la majorité des vols). Il reste que des études ont mis en évidence une corrélation positive entre le taux de concentration et l'importance des tarifs, liaison par liaison. Cela suggère que ces marchés sont imparfaitement contestables et permettent aux entreprises d'y réaliser des profits.

La théorie des marchés contestables affirme en effet que si une entreprise en situation de monopole dégage des profits excessifs, une autre firme pourra entrer sans risques sur le marché et la remplacer. Cela nécessite une hypothèse forte, à savoir que l'entreprise en place ne réagit pas à l'entrée d'un concurrent en baissant ses prix jusqu'à annuler ses profits, voire en vendant à perte si elle en a les moyens financiers. L'entrée est en réalité risquée, surtout pour une firme dont les moyens financiers sont moins importants et qui s'expose à des représailles.

Par ailleurs, certaines barrières non réglementaires à l'entrée ont sans doute été mal perçues à l'origine. Les grandes compagnies nationales tirent un avantage substantiel d'une part de la possession d'un portefeuille de droits d'accès dans les aéroports (les « portes » réservées) concédés par des contrats à long terme, d'autre part, de la gestion de vastes réseaux de réservations électroniques. Enfin, les voyageurs sont plus facilement attirés par de grandes compagnies leur permettant d'optimiser leurs déplacements sur un même réseau couvrant tout le territoire (correspondances rapides...).

Ces considérations conduisent parfois à conclure que la déréglementation finit par aboutir à la formation de monopoles ou d'oligopoles dont les prix ne sont plus contrôlés ce qui devrait finir par en annuler les effets bénéfiques immédiats pour les consommateurs.

Un tel pessimisme est sans doute excessif. D'abord, la concentration de ces marchés n'a rien d'anormal dans la mesure où ils constituent très vraisemblablement des structures de monopole ou d'oligopole naturel. Il est évident qu'il ne peut pas y avoir en même temps dix compagnies sur la liaison Boston-San Diégo. Le problème est d'abord de savoir si ces marchés sont suffisamment contestables pour que l'Etat laisse les entreprises se concentrer et pratiquer les prix qu'elles souhaitent. L'idée d'une entrée immédiate sur les marchés où les firmes en place dégagent des profits est évidemment irréaliste. En fait, une entreprise nouvelle ne pénétrera que si elle bénéficie d'un avantage en termes de coûts lui permettant de soutenir et de gagner une guerre de prix.

La théorie des marchés contestables ainsi revue retrouve alors un intérêt certain. Si les barrières à l'entrée et à la sortie sont limitées, la firme en place, quelle que soit sa part de marché, devra constamment chercher une réduction de ses coûts pour être prête à se défendre. Elle répercutera cette réduction sur ses prix. Cette répercussion automatique tient à un résultat très général de la théorie micro-économique : toute entreprise ayant un certain pouvoir de marché, un monopole à l'extrême, et soucieuse de maximiser son profit, fixe son prix de vente en multipliant son coût marginal par un coefficient, le taux de *mark-up*, qui dépend de caractéristiques du marché telles que l'élasticité-prix de la demande ou le taux de concentration. A structure de marché donnée, elle doit donc diminuer son prix chaque fois que son coût marginal baisse.

Un taux de concentration plus élevé permet aux firmes d'accroître leurs bénéfices. Cela est sans doute d'une importance secondaire si la contestabilité du marché oblige les firmes en place à chercher constamment des réductions de coûts et de prix. La baisse générale des prix observée dans les secteurs déréglementés laisse supposer une contestabilité suffisante.

Il reste que même avec une efficacité plus élevée, un nouvel entrant peut voir son développement entravé à cause des avantages détenus par les firmes en place (systèmes de réservation, intérêt d'un vaste réseau pour la clientèle...). Cela implique, d'une part, que son avantage de coût doit être substantiel, d'autre part, que les autorités en charge de la politique de la concurrence doivent veiller à ce que les entreprises en place n'abusent pas de leur position dominante (par exemple en défavorisant leurs concurrents dans leurs systèmes de réservation électroniques). Signalons enfin que ces considérations sont extensibles à bien d'autres secteurs que le transport aérien.

C) *Les conséquences de la recherche de prix soutenables*. — Les secteurs déréglementés présentent donc souvent bien une configuration de monopoles naturels contestables. Pour justifier une déréglementation, il faut encore vérifier qu'ils peuvent être soutenables. Or, ce n'est manifestement pas le cas avec les systèmes de prix hérités de la période réglementée et caractérisée par de multiples subventions croisées. Les marchés déréglementés ont donc été l'objet de vastes réformes tarifaires conduisant à un réexamen de l'opportunité des divers services offerts et à l'abandon ou au développement de certains d'entre eux.

Là encore, le transport aérien fournit une illustration particulièrement enrichissante. Les compagnies ont été amenées à réorganiser complètement leurs réseaux. Jusque-là, ceux-ci étaient caractérisés par un maillage très dense tel que, *grosso modo*, une liaison directe était établie entre deux villes dès qu'une demande était perceptible. Désormais les réseaux ont une structure en étoile (« Hubs ans spokes route structure »). Des liaisons à très fort trafic ont été établies entre un ou deux aéroports centraux propres à chaque compagnie et les principaux aéroports régionaux. Ceux-ci sont reliés par des lignes secondaires aux aéroports plus petits qui ne sont plus reliés entre eux directement. L'usager doit donc transiter par un ou deux aéroports régionaux pour aller d'une ville secondaire à une autre. Il en résulta une perte de temps mais qui est largement compensée par le maintien de presque toutes les liaisons avec des prix plus bas et des fréquences plus élevées. En fait la réforme des tarifs a conduit à des baisses de prix très importantes sur les lignes principales et beaucoup plus faibles, voire à des augmentations, sur les lignes secondaires. Certaines de celles-ci ont donc été abandonnées ce qui a obligé les collectivités locales à examiner leur opportunité et à les rétablir en versant des subventions aux compagnies lorsque leur caractère de service public s'avère suffisamment établi.

Les usagers ont globalement bénéficié de la déréglementation. Cette appréciation d'ensemble masque des transferts très importants entre catégories d'usagers liés à la redéfinition des tarifs. Bien souvent, ce sont les plus gros consommateurs qui ont été les gagnants, en particulier les grandes entreprises (télécommunications, services financiers). Mais ce n'est pas toujours vrai. Les baisses de prix ont pu être plus spécialement accordées aux groupes dont la sensibilité aux prix est la plus forte qui ne sont pas toujours les plus riches. La baisse des prix du transport aérien a surtout concerné les tarifs « discounts » qui ont été multipliés et beaucoup moins les tarifs pleins et « affaires ».

Dans le cas du téléphone, les transferts potentiels étaient tellement importants que les autorités ont longtemps continué à contrôler les prix de manière à lisser les évolutions. Dans le cas des services financiers, les banques ont compensé la rémunération des dépôts à vue par une facturation à leur véritable coût des services annexes. Les ménages les plus démunis ont été pénalisés ce qui a conduit certains Etats à obliger les banques à leur fournir gratuitement les services indispensables. (Ce qui représente d'ailleurs une entorse à la théorie.)

De manière générale, la déréglementation a conduit globalement à une plus grande efficacité économique, mais elle a été accompagnée de transferts importants entre catégories d'entreprises, de salariés ou de consommateurs. Elle peut donc parfois nécessiter des actions correctrices sur la distribution des richesses entre ménages.

IV. — Prix et concurrence dans les services dont l'accès n'est pas réglementé

1. **L'évolution de la réglementation en France.** — Depuis la fin de la seconde guerre mondiale, les hausses de prix ont toujours été plus ou moins placées en France sous le contrôle de l'Etat. Son intervention reposait juridiquement sur deux ordonnances du 30 juin 1945. Les services ont toujours fait l'objet d'une attention plus soutenue et d'un contrôle plus strict. Cette attitude a très souvent été justifiée par la dérive des prix relatifs des services que nous avons évoquée dans la partie sur l'emploi.

A) *La libération de 1980-1981*. — Les prix ont été libérés une première fois au cours de la période 1978-1981. Leur libération totale, mais progressive, avait été annoncée en 1978. Les services n'en ont bénéficié pour la plupart qu'en dernier, c'est-à-dire dans le courant de 1980 pour le commerce (rappelons que le contrôle des prix dans le commerce consiste en un contrôle du rapport entre la marge commerciale et le chiffre d'affaires) et fin 1980 ou début 1981 pour les services au sens strict (coiffeurs...). En fait, au printemps 1981, seuls les trois quarts des services privés[2] avaient été libérés. Les services publics (services non marchands mais aussi santé, PTT et certains transports) ont toujours été sous contrôle. Ce mouvement a alors été arrêté. Dès octobre 1981, les prix des services étaient tenus de respecter des contraintes fixées par l'administration et, à la fin du printemps 1982, ils étaient soumis, comme tous les produits industriels et agricoles, à un blocage général.

La période de liberté fut donc brève et il n'est donc pas surprenant que les effets sur le taux général d'inflation furent réduits. Pour obtenir les effets immédiats de cette libération sur le taux d'inflation, il convient d'abord d'estimer le surcroît de hausse de prix dans les services privés imputable à cette seule libération. Si celle-ci n'avait pas eu lieu, les prix des services auraient augmenté comme l'indice général des prix majoré par un coefficient représentant leur dérive tendancielle par rapport à cet indice général. Depuis une quarantaine d'années, le prix relatif des services privés s'accroît de 1,2 à 1,8 % par an en France sur des périodes de plusieurs années et quelle que soit la réglementation en vigueur. Dans ces conditions

---

2. Les services privés correspondent à un regroupement particulier de divers postes de l'indice mensuel excluant les services non marchands, la santé, les PTT et certains transports.

on peut considérer que la hausse des prix des services imputable à leur libération a été d'environ 0,7 %. Compte tenu de leur pondération dans l'indice de l'INSEE (16 à 17 %), l'impact sur le taux général d'inflation a donc été d'environ 0,1 point[3]. On peut noter que les « services privés » visés par la libération des prix ont un poids assez faible dans l'indice de l'INSEE par rapport au coefficient budgétaire global des services.

Pour ce qui concerne le commerce, la méthode d'évaluation doit être différente. Les taux de marque (marges/ventes) y sont relativement stables dans le temps pour des niveaux de nomenclature assez agrégés. L'effet de la libération peut y être estimé à travers des augmentations éventuelles de ces taux de marque. On a pu seulement constater une très légère hausse dans certains commerces de détail alimentaire. Compte tenu de leur importance dans la consommation des ménages, l'impact sur le taux d'inflation global fut encore d'environ 0,1 point.

B) *La période 1982-1986*. — Prix et marges ont été bloqués en 1982. En 1983 et 1984, la réglementation fut très sévère pour les services et les études économétriques montrent que les prix ont augmenté moins vite que les coûts ce qui s'est traduit par une érosion des résultats. La distribution a été soumise à une réduction obligatoire de ses marges (le « pincement des marges »). Mais la concurrence y a été tellement vive au cours de cette période que le commerce a spontanément diminué ses taux de marque plus fortement que la réglementation ne l'imposait.

Les contraintes administratives ont été assouplies au cours des années 1985 et 1986 au fur et à mesure que l'on se rapprochait d'une libération généralisée. A la fin de 1986 les marges du commerce étaient libres

---

3. Pour être très précis, il faudrait prendre pour référence non pas l'indice général des prix mais cet indice minoré de l'impact de la libération des prix des services. La différence sur l'impact final, de second ordre, n'est pas significative.

et les services bénéficiaient d'un allègement du dispositif de contrôle. En fait, avaient été libérées les prestations présentant peu de risques d'être prises en compte dans le calcul de l'indice de l'INSEE (menus et vins les plus chers dans les restaurants par exemple). Il restait à libérer les prix les plus « sensibles ».

C) *La libération des prix en 1987*. — Le dernier pas a été franchi le 1er janvier 1987, date de la libération totale des prix fixée par l'ordonnance du 1er décembre 1986. Celle-ci interdit théoriquement tout retour en arrière puisque le ministre des Finances a perdu son pouvoir de rétablir discrétionnairement un contrôle et qu'il faudrait désormais pour cela une nouvelle loi abrogeant le texte de 1986. Des garde-fous ont toutefois été établis.

Un contrôle temporaire des prix peut être rétabli dans des circonstances exceptionnelles. Un contrôle permanent est maintenu dans les secteurs où la concurrence peut difficilement jouer, en particulier là où il existe des barrières réglementaires à l'entrée (taxis, santé, marges des commerces du médicament et du tabac...). Comme souvent ce sont des entreprises publiques qui opèrent dans ces branches, l'Etat y fixe de toute façon lui-même les prix (transports...). La libération des prix a surtout concerné les services dits « privés » dont les principaux sont : les hôtels-cafés-restaurants, la réparation automobile, les réparations diverses, les services de soins et d'hygiène personnels (coiffeurs...) et les services de loisirs (cinéma...). Elle a aussi été appliquée aux loyers. Ceux-ci correspondent à une prestation de service mais nécessitent une analyse spécifique qui ne sera pas développée dans le cadre de cet ouvrage.

Cette nouvelle politique n'a eu quasiment aucune incidence sur les marges de la distribution (sauf peut-être sur celles de certains commerces alimentaires spécialisés). En revanche, les prix des services privés ont fortement augmenté au cours du premier trimestre 1987. Malgré une croissance beaucoup moins rapide au cours des mois suivants, ils se sont accrus de 7,8 % sur l'ensemble de l'année (les réparateurs d'automobiles se sont illustrés par des hausses beaucoup plus fortes). En tenant compte de la hausse générale des prix, de la dérive habituelle des prix relatifs de ce secteur et de sa pondération dans l'indice général, on peut estimer à environ 0,5 point la contribution de la libération des prix des services au taux d'inflation en glissement de 1987 (3,1 %).

Au début de 1988, des hausses importantes ont été enregistrées, beaucoup moins fortes toutefois qu'au début de 1987. Ce mouvement s'est poursuivi jusqu'à l'été. Sur l'ensemble de l'année, l'augmentation a été de 5,2 %, soit une contribution de 0,1 % au taux d'inflation en utilisant la même méthode que précédemment.

2. L'analyse des hausses de prix enregistrées en 1987.

A) *La faible intensité de la concurrence*. — La faiblesse de la concurrence dans les services est la première explication généralement avancée pour expliquer ces hausses, et il est aisé de développer ce thème. Cette insuffisance des mécanismes de marché tient d'abord à l'extrême hétérogénéité de chaque service (coupe de cheveux, repas au restaurant...). Chaque producteur de services dispose de toute une pallette de moyens pour se différencier : la qualité de sa prestation bien sûr (que ses clients sont parfois incapables d'apprécier à sa juste valeur comme dans la réparation automobile), mais aussi la relation personnelle qu'il entretient avec sa clientèle, l'atmosphère de son magasin... sans oublier ce qui est souvent le principal critère de choix des clients, l'emplacement géographique. Les consommateurs n'étant pas omniscients et étant soumis à des contraintes de temps, il leur est impossible de comparer rigoureusement les rapports qualité-prix de toutes les prestations qui leur sont offertes. Achetant par habitude ou par impulsion, ils sont assez peu sensibles aux prix. C'est du moins l'opinion commune.

On se trouve en fait face à des structures de marché désignées par l'appellation de « concurrence monopolistique ». Les produits y sont différenciés, l'information des consommateurs y est imparfaite et la concentration globale y est faible (sur le marché de la restauration d'une ville moyenne, on peut compter plusieurs centaines de cafés-restaurants).

Dans ces conditions, le producteur dispose d'une sorte de petit pouvoir de monopole qui lui permet de fixer un prix supérieur à son coût marginal et de dégager parfois un profit substantiel. L'écart relatif entre prix et coût, qui détermine ce profit, dépend surtout de la sensibilité aux prix de la demande exprimée par les consommateurs pour ses produits. Une totale insensibilité lui permettrait d'avoir des prix et des profits infinis. Ce cas limite montre bien que, en dépit de ce qui est parfois affirmé, cette sensibilité aux prix n'est pas systématiquement négligeable. En fait, elle finit toujours par devenir significative (supérieure à 1) et les prix sont alors fixés à un niveau stable qui permet à l'entreprise de maximiser son profit.

Cette analyse montre aussi que la faiblesse de la concurrence n'est pas en soi directement un facteur d'inflation. Pour une structure de marché donnée, à partir du moment où les producteurs ont trouvé les prix qui maximisent leur profit, ils n'ont pas de raison de les modifier.

L'intensité de la concurrence a tout de même une incidence sur les évolutions de prix. Une entreprise en situation de monopole n'est pas obligée pour survivre de chercher constamment à réduire ses coûts. Elle fera sans doute moins de gains de productivité et accordera sans doute plus de hausses de salaires à ses employés ce qui sera répercuté sur ses prix. Mais ces effets sont nécessairement limités et ne peuvent pas expliquer des hausses de prix de 10 %. Inversement, la concentration tout en réduisant la concurrence, peut avoir des effets favorables sur les prix en permettant, par exemple, des économies d'échelle.

La concurrence est sans doute faible dans les services. Elle n'est d'ailleurs pas toujours plus élevée dans l'industrie où les moyens de différenciation sont aussi nombreux, surtout à travers les services annexes à la vente des marchandises. Mais cela n'est pas une explication suffisante des hausses de prix. Celles-ci sont, en réalité, essentiellement imputables aux facteurs macro-économiques habituels : indexation des prix et salaires et politique monétaire. La faiblesse de la concurrence explique des niveaux de prix élevés mais beaucoup moins des augmentations de prix importantes. Elle peut expliquer une partie de l'écart habituel entre la hausse des prix des services et la hausse de l'indice général. Elle ne peut pas expliquer les écarts exceptionnels observés en 1987 et 1988.

Il n'en reste pas moins vrai qu'un renforcement de la concurrence est souhaitable. Dans ce type de marché, celle-ci s'exerce surtout par l'entrée de nouvelles firmes. C'est l'implantation d'un nouveau magasin qui perturbe le plus les habitudes de prix des commerçants. Il est donc indispensable de rendre ces activités les plus contestables possible et d'éliminer les obstacles réglementaires qui pourraient s'y opposer (taxation des cessions de fonds de commerce, spécialisation des baux commerciaux...). Il reste que ces modes d'ajustement concurrentiel n'ont évidemment d'effets qu'à moyen ou long terme. A plus court terme, l'information du consommateur doit être améliorée (affichage des prix, normalisation des produits, mais sans que le respect des normes soit nécessairement obligatoire, édition de guides des prestataires de services sur le modèle des guides de la restauration...).

B) *Les causes vraisemblables*. — Le contrôle des prix a pesé assez lourdement sur les prix des services en 1983 et 1984. Les contraintes ont été moins fortes en 1985 et 1986 sauf sur les prix sensibles. Les sociétés de services se sont donc trouvées à la fin de 1986 avec des niveaux de prix inférieurs à ceux qui auraient été nécessaires pour maximiser leurs profits.

L'année 1987 a donc été marquée par un phénomène de rattrapage tout à fait prévisible. On observe d'ailleurs que sur l'ensemble de la période 1981-1987, la hausse du prix relatif des services privés a été identique en France et en RFA (inférieure sur 1981-1986 et supérieure en 1987). Il est plus surprenant de constater que, après une pause au second semestre 1987, les prix des services privés ont connu une accélération au premier semestre 1988.

Les prix optimaux pour les entreprises ne peuvent généralement pas être déterminés immédiatement et doivent être trouvés en procédant par tâtonnements. La tâche est d'autant plus difficile que les autres prix varient en même temps sur tous les marchés (prix des matières premières utilisées, des salaires, des produits substituables...). Il n'est donc pas surprenant, que, après une période de contrôle strict, les prix des services connaissent des phases successives d'accélération et de freinage de la même manière qu'un ressort oscille autour de son point d'équilibre lorsqu'il est lâché après avoir été comprimé. Il se peut aussi qu'après une phase d'observation, les professionnels aient jugé insuffisant leur premier relèvement de prix. Une nouvelle hausse leur serait alors parue nécessaire.

Mais il n'y a pas de raison pour que cela dure indéfiniment et l'exemple des autres pays occidentaux prouve qu'en l'absence de contrôle les prix ne dépassent pas des niveaux beaucoup plus élevés que ceux qu'ils atteignent déjà en France. Ajoutons enfin qu'un élément conjoncturel peut expliquer certaines augmentations au début de 1988. La proximité d'élections importantes a pu conduire certains professionnels à relever leurs prix plus vite que prévu par crainte d'un rétablissement du contrôle.

Enfin, il est fort probable que les hausses de prix enregistrées par l'INSEE dans les services privés traduisent une « illusion statistique » dont il a déjà été question dans la partie sur l'emploi. Autrement dit, ces augmentations de prix peuvent résulter d'une amélioration des services rendus au consommateur (embauche d'une hôtesse dans un restaurant par exemple). Normalement, les statisticiens devraient alors faire apparaître une croissance du volume de service fourni et non une hausse des prix. Mais ce partage volume-prix est particulièrement difficile dans les services. Il s'ensuit que la croissance des prix risque d'être surévaluée et celle de l'activité en volume sous-évaluée.

Divers indices suggèrent que ce phénomène a été réel en 1987 dans des secteurs comme la réparation automobile. Jusque-là, le taux horaire de la main-d'œuvre y était faible par rapport aux taux pratiqués dans les autres pays. Le personnel y était mal payé et peu qualifié. Les prestations étaient donc de mauvaise qualité ce qui incitait les clients à réparer eux-mêmes leurs véhicules. Il semble que la libération des prix ait permis à un certain nombre de garagistes d'améliorer la formation de leur personnel, d'embaucher de nouveaux salariés, et d'accroître les rémunérations. Les effectifs salariés ont augmenté en 1987 pour la première fois depuis 1983.

Les statistiques annuelles de l'Unédic font ainsi état d'une croissance des effectifs salariés de 1,2 % dans le commerce et la réparation automobile et de 3,5 % dans les hôtels-cafés-restaurants en 1987 (contre — 0,9 % et 2,3 % par an de 1980 à 1986). Plus généralement la croissance des effectifs salariés dans les services marchands, au sens strict, a été particulièrement forte en 1987 alors que la croissance en volume de l'activité aurait été plutôt médiocre selon les comptes nationaux. Cela se traduit par une baisse inhabituelle de la productivité, sur le modèle américain, et confirme notre hypothèse de surestimation des hausses de prix. (La hausse des prix « réelle » serait très difficile à calculer et il ne s'agit donc pas de mettre en cause les compétences des statisticiens.)

Chapitre IV

LES ÉCHANGES INTERNATIONAUX DE SERVICES

I. — La problématique

Un service n'est généralement pas stockable et doit être produit au contact du consommateur. La notion d'échanges internationaux de services apparaît donc, à première vue, paradoxale. On imagine mal un coiffeur vendant ses services par-delà les frontières.

1. Les échanges transfrontières de services. — En réalité, de nombreux services consistent en une production d'informations qui peuvent être matérialisées et stockées sur un support papier ou électronique. La valeur intrinsèque de ce support est alors généralement bien inférieure à celle des informations qu'il véhicule. Ce support peut voyager et passer les frontières. Un résident d'un pays donné peut donc acheter ce service à un producteur installé à l'étranger. On parle alors d'échanges transfrontières de services.

C'est ainsi que des échanges de services d'assurances peuvent être effectués par la transmission des polices, des échanges de services d'ingéniérie par la transmission des plans. De manière générale, il s'agit de ventes de services par correspondance.

Pour que ces échanges transfrontières de services puissent être réalisés librement, on parle alors dans la terminologie de la Communauté européenne de Libre Prestation de Services (la LPS), un certain nombre de conditions doivent être respectées dont l'énumération permet de mettre en lumière les enjeux associés à cette notion.

Pour qu'un producteur étranger vende ses services en France par correspondance, il faut d'abord que rien ne l'interdise, donc que l'accès au marché ne soit pas l'objet d'une réglementation économique. Il faut ensuite que les normes techniques qui régissent ces activités en France ne soient pas discriminatoires à son encontre et ne servent pas, en pratique, de substituts à une réglementation protectionniste.

Il est aussi nécessaire que le support des informations échangées puisse être transmis librement d'un pays à l'autre. Le problème se pose ainsi pour les données enregistrées électroniquement qui doivent pouvoir passer d'un réseau national de télécommunications à un autre. C'est la notion de liberté des flux transfrontières de données.

Il faut enfin que ces prestations transfrontières de services puissent être payées par les consommateurs et donc que les virements internationaux de monnaie soient sans contraintes. La libre prestation de services implique l'abolition des contrôles des changes.

2. **La production de services sur place à l'étranger.** — Il reste que beaucoup de services doivent être produits au contact du consommateur. Pour vendre des services hôteliers en France, une entreprise américaine doit avoir des hôtels en France. Parler alors de libéralisation des échanges internationaux de services revient alors à parler de la liberté d'établissement à l'étranger. Bien que, en toute rigueur, aucun service ne franchisse les frontières, les débats sur les échanges internationaux de services incluent le plus

souvent le problème de la liberté d'établissement. Cela peut être jugé normal dans la mesure où il s'agit effectivement du mode d'insertion privilégié des services dans l'économie internationale.

Les services de transport et de télécommunication entrent dans ce cadre dans la mesure où ils ont pour objet de mettre des équipements à la disposition des consommateurs sur leur territoire national. Dans le transport aérien la liberté des échanges signifie le droit de faire atterrir et décoller ses avions sur un aéroport étranger en embarquant des ressortissants du pays en question. Pour une société de télécommunications cela signifie avoir le droit d'être au moins reliée aux usagers étrangers ou, mieux encore, d'exploiter soi-même des liaisons sur un territoire étranger.

Pour les services exigeant une production sur place, la libéralisation des échanges internationaux équivaut donc à la liberté d'exercer ces activités à l'étranger, c'est-à-dire d'y investir, d'y créer des sociétés ou des succursales, d'y faire entrer ses avions, ses bateaux ou ses lignes de téléphone. Cela suppose donc l'absence de réglementations économiques de l'entrée sur ces marchés. Cela veut aussi dire le droit pour les ressortissants d'une nation donnée d'aller travailler et produire leurs services dans un autre pays.

Il ne suffit pas d'avoir le droit d'exercer son activité à l'étranger ; il faut aussi pouvoir le faire dans les mêmes conditions que les producteurs locaux, donc être soumis aux mêmes contraintes réglementaires, au même traitement fiscal... Il faut enfin pouvoir rapatrier les revenus tirés de ces activités.

Dans le cas de certains services, ce n'est pas le producteur mais le consommateur qui se déplace. C'est ce que font les touristes ou les étudiants étrangers. La liberté des échanges internationaux de services équivaut alors pour eux au droit de se déplacer et de dépenser ce qu'ils veulent hors de leur pays d'origine.

3. L'évolution des deux formes d'échanges. — Les échanges transfrontières de services sont encore relativement limités en raison de contraintes réglementaires mais aussi des difficultés de communication. Le développement très rapide des moyens de télécommunications devrait entraîner une très forte croissance de ce type d'échanges de services. A la fin des années quatre-vingts, les services d'assurances de transports internationaux ou de réassurance sont déjà souvent vendus par-delà les frontières, ce qui n'est presque jamais le cas des assurances destinées aux ménages qui sont produites sur place. Mais on peut concevoir qu'à l'avenir les ménages français achèteront des polices d'assurance à des sociétés installées aux Etats-Unis avec leurs minitels, comme ils passent aujourd'hui leurs commandes à la Redoute.

Mais cette expansion des échanges transfrontières de services suppose une forte centralisation de la production de ces services dans quelques unités de production à vocation internationale. Cette structure, techniquement envisageable, ne sera pas forcément retenue. Elle est en effet peu compatible avec la différenciation et la personnalisation des services qui sont de plus en plus nécessaires et impliquent une production au contact du consommateur. La question du libre-établissement restera donc longtemps pertinente.

II. — L'observation statistique

1. Les problèmes de mesure.

A) *Les problèmes théoriques*. — Les échanges internationaux de services sont, en principe, enregistrés dans la balance des services, incluse dans la balance des transactions invisibles elle-même incluse dans la balance des paiements courants. La balance des services comprend, *grosso modo*, les échanges transfrontières de services (assurances, conseil aux entreprises...), les échanges de services de transport et de télécommunication ainsi que les flux touristiques.

Mais elle ne permet pas d'évaluer la production de services à l'étranger réalisée par des sociétés françaises puisqu'il ne s'agit pas à proprement parler d'une exportation. Cette production à l'étranger devrait être mesurée par le chiffre d'affaires réalisé à l'étranger par les sociétés de services par l'intermédiaire de leurs filiales ou succursales.

Les Etats-Unis ont procédé à une telle évaluation pour leur propre compte. Cette production à l'étranger se serait élevée en 1983 à 92 milliards de dollars et aurait été supérieure aux exportations de services proprement dites. Son importance peut aussi être appréciée à travers le montant des investissements directs à l'étranger des sociétés de services qui eux sont enregistrés dans la balance des paiements. En France, ils s'élevaient à 17 milliards de francs en 1986 contre 21 milliards de francs pour les entreprises industrielles.

Inversement, la balance des services enregistre les flux relatifs aux revenus du capital (intérêts et dividendes) et du travail (salaires rapatriés). Les montants en jeu sont très importants. Sur 420 milliards de francs de recettes au titre des services en 1987 pour la France, les revenus du capital comptaient pour 140 milliards de francs. Or, il n'est pas évident que ces « services-facteurs » doivent être compris dans les échanges internationaux de services. Pour ce qui concerne les services financiers, on considère parfois que seules les commissions correspondent à des prestations de services. Mais, il est quasiment impossible de distinguer les commissions des intérêts dans les données statistiques relatives aux flux internationaux de services financiers.

B) *Les problèmes pratiques*. — L'enregistrement des échanges de services dans les balances des paiements présente d'importantes difficultés. Etant donné que les échanges transfrontières de services peuvent difficilement être appréhendés au passage des postes douaniers (transmission par télex d'un contrat d'assurance), il est nécessaire de se reposer soit sur les déclarations de paiement à l'étranger communiquées par les banques, soit sur les comptes produits par les sociétés lorsqu'ils distinguent les exportations. Mais les notions d'exportations, de chiffre d'affaires réalisés à l'étranger ou d'investissements à l'étranger ne sont pas toujours bien comprises. De plus, la répartition par catégorie de produits n'est pas toujours bien faite.

Il en résulte de multiples erreurs dont on peut mesurer l'importance en confrontant l'ensemble des balances des services de tous les pays. Alors que le solde global devrait être nul, on trouve un déficit de 70 milliards de DTS pour 1986. Les exportations de services de nombreux pays sont donc sous-évaluées. Une étude très détaillée de l'Office of Technology Assesment aux Etats-Unis a permis de montrer que les exportations de services américaines étaient sous-évaluées de 36 milliards de dollars en 1984 et le solde de 12 milliards de dollars. En France, ces difficultés se traduisent par l'existence d'un poste « autres biens et services » où sont regroupés les mouvements qu'il est impossible de classifier. Ils représentaient 44 milliards de francs d'exportations en 1987. Dans la plupart des pays des travaux ont été engagés pour remédier à cette situation.

2. **Les échanges de services de quelques pays** (à partir des balances des paiements officielles malgré leurs défauts). — Les flux transfrontières de services non facteurs, c'est-à-dire hors revenus du travail et du capital, représentent environ 10 % des exportations mondiales. Les flux de services-facteurs en représentent aussi environ 10 %. Le poids des services dans le commerce international est donc encore faible. Il est concentré sur quelques secteurs (tourisme, services financiers, ingéniérie). Les services traditionnels sont

peu exportables du moins sous forme d'échanges transfrontières (santé, coiffure...). La croissance des flux internationaux de services facteurs et non facteurs a été légèrement supérieure à celle du commerce des marchandises entre 1970 et 1985. Mais le développement des versements d'intérêts y compte pour beaucoup et la croissance des seuls échanges de services non facteurs a été à peu près identique à celle du commerce des marchandises.

A) *La France*. — La France est le principal exportateur de services après les Etats-Unis. Elle en a retiré 420 milliards de francs de recettes en 1987 (dont 265 pour les services non facteurs) avec une part du marché mondial d'environ 11 %. Le solde de la balance des services était de 25 milliards de francs (34 milliards pour les seuls services non facteurs). Les principaux postes sont le tourisme (exportations : 68 milliards de francs, solde : 19 milliards de francs) ; les transports (exportations : 60 milliards de francs, solde : 5 milliards de francs) ; et les services de conseils techniques aux entreprises (exportations : 55 milliards de francs, solde : 23 milliards de francs).

Le solde global des services a connu une forte croissance de 1973 à 1980, surtout grâce aux services liés aux grands travaux et à la coopération technique. Après une baisse de 1981 à 1984, il a retrouvé en 1985 le niveau de 1980, cette période ayant été marquée par la chute du solde des intérêts et dividendes et le fort développement des recettes au titre du tourisme. Le solde global s'est à nouveau dégradé après 1985, surtout du fait du tourisme et des services techniques.

Les études économétriques montrent que les échanges internationaux de services de la France dépendent surtout, comme le commerce des marchandises, de la compétitivité et de la croissance de l'activité en

France et chez nos principaux partenaires. Le solde dégagé sur les grands travaux et la coopération technique dépend beaucoup de l'activité des pays producteurs de pétrole. La diminution des recettes touristiques depuis 1985, après leur augmentation de 1980 à 1985, est assez largement explicable par les fluctuations du dollar et les mouvements des touristes américains.

B) *Les Etats-Unis*. — Les Etats-Unis sont les premiers exportateurs de services avec 173 milliards de dollars de recettes en 1987 (dont 77 hors services-facteurs). Leurs exportations de services ont connu une forte croissance de 1970 à 1981 (multiplication par 6). Le solde dégagé est passé de 6 milliards de dollars en 1970 à 60 milliards en 1981 ce qui a permis de compenser assez largement le déficit de la balance commerciale.

Ces résultats se sont nettement dégradés depuis. Le solde n'était plus que de 35 milliards de dollars en 1987. Les causes en sont souvent les mêmes que celles qui ont provoqué la chute du solde commercial : surévaluation du dollar dans la première moitié des années 1980 puis renchérissement mécanique des importations et insuffisantes capacités de production pour répondre à la demande étrangère à la suite de la dévaluation de la monnaie nationale. Les échanges de services non facteurs se sont toutefois améliorés depuis 1985 et le maintien du solde des services à un bas niveau tient pour beaucoup à la croissance des intérêts versés au reste du monde en contrepartie des dettes américaines. En général, les Etats-Unis connaissent un léger déficit de leurs échanges de services de transport et de tourisme. Ils dégagent des excédents sur certains services techniques aux entreprises (conseil...) et surtout sur les services financiers et les revenus du capital.

C) *Les autres pays.* — Les échanges de services du Japon et de l'Allemagne de l'Ouest ont traditionnellement toujours été déficitaires. Le tourisme en est la principale cause ainsi que les transports et services divers pour le Japon. Ce déficit global s'amenuise toutefois progressivement du fait de la croissance des revenus des capitaux placés à l'étranger. La position du Japon dans les services financiers se renforce à vive allure. La Grande-Bretagne a toujours été un grand exportateur de services. Ses points forts sont surtout les services financiers, les assurances et les services techniques aux entreprises.

La part de marché globale de l'OCDE est à peu près stable depuis 1980. Il en est de même pour les pays en développement (les pays de l'Est ont un rôle limité et difficile à évaluer). La situation de l'OPEP et de l'Afrique tend plutôt à se dégrader alors que les nouveaux pays industrialisés font sur certains marchés de services une percée aussi remarquée que pour les produits industriels. C'est principalement le cas dans les domaines de l'ingéniérie (Corée du Sud, Inde), des transports maritimes (Taïwan), des assurances et services financiers (Hong-Kong, Singapour).

III. — Les négociations internationales

1. La situation de référence.

● Depuis les premières années de l'après-guerre, le commerce mondial est régi par les règles du GATT. Mais cet accord ne concernait que les marchandises et ne prévoyait rien pour les services dont les échanges sont entravés par les multiples réglementations économiques de l'accès aux marchés. Celles-ci sont d'ailleurs généralement plus restrictives vis-à-vis des sociétés étrangères et peuvent constituer de véritables barrières protectionnistes.

Dans les secteurs où les relations internationales sont indispensables, celles-ci font l'objet d'accords bi ou multilatéraux sous l'égide d'organismes internationaux tels que l'Organisation de l'Aviation civile internationale ou l'Organisation maritime internationale.

Ces accords permettent de fixer des normes techniques communes ce qui est tout à fait justifié, mais aussi de répartir les capacités de production entre les participants et de fixer conjointement les prix. Dans ce domaine, les organismes publics sont parfois doublés par des associations d'entreprises qui peuvent fonctionner comme de véritables cartels. On est donc loin d'une situation de libre-échange.

Les transports aériens sont ainsi régis par un réseau complexe d'accords bilatéraux reposant sur la convention de Chicago. Ces accords précisent les services offerts (liaisons, fréquences...), partagent les capacités de transport entre les compagnies nationales et fixent les conditions dans lesquelles une compagnie d'un pays peut embarquer des passagers dans un autre pays. Il est rarement autorisé de prendre des passagers sur un territoire étranger à destination d'un pays tiers (droit dit de « cinquième liberté ») et encore moins d'exploiter des liaisons intérieures dans un pays étranger (droit dit de « cabotage »). Les tarifs sont fixés en commun par les compagnies dans le cadre de l'association privée qu'est l'IATA et soumis à l'approbation des gouvernements.

● Le Traité de Rome qui fonde la Communauté économique européenne prévoit des mesures concernant les échanges internationaux de services. Le Traité contient même des dispositions dont le « libéralisme » va extrêmement loin. L'article 3 inscrit parmi les actions à entreprendre par la Communauté « l'abolition, entre les Etats membres, des obstacles à la libre circulation des personnes, des services et des capitaux ». La libre prestation des services, le libre établissement pour les entreprises de services et la liberté des mouvements de capitaux apparaissent dans la suite du texte comme des principes fondamentaux. Seuls les transports font l'objet de dispositions particulières, à savoir l'obligation pour la Communauté d'élaborer une politique spécifique dans ce domaine.

En pratique les échanges de services sont plus libres qu'ailleurs au sein de la Communauté. Mais aucune politique d'envergure n'avait été menée, au début des années quatre-vingts, pour abolir les multiples barrières réglementaires qui continuent à entraver le commerce des services en Europe. La politique commune des transports n'avait jamais vraiment vu le jour.

● Les données du jeu international sont en train de changer profondément. Des négociations et un processus de libéralisation ont été engagés au sein du GATT, de l'OCDE et de la CEE. Nous ne nous attarderons pas sur le cas de l'OCDE bien qu'elle ait déjà mis au point quelques accords sur les échanges de services (code sur la libération des transactions invisibles). Mais ceux-ci sont peu contraignants. La force de l'OCDE réside surtout dans sa capacité de persuasion dans le domaine économique. Ses conclusions sont souvent favorables à des mesures de déréglementation.

2. Le GATT des services.

A) *Les ambitions américaines*. — L'intérêt des Etats-Unis pour les échanges internationaux de services est né à la fin des années soixante-dix à l'instigation d'un *lobby*, la « Coalition of Service Industries » regroupant la plupart des plus grandes sociétés de services américaines aux ambitions internationales.

Conduit par American Express, il rassemble, entre autres, American International Group, ATT, Bechtel, CBS, Chase Manhattan, IBM, Manpower, Merril Lynch, Peat-Marwick, Sears Roebuck, Young and Rubicam, etc.

L'objectif de ce groupe de pression est clair : c'est la libéralisation complète des échanges internationaux de services au sens le plus large. Cela signifie la liberté de produire et de vendre des services dans le monde entier sans aucune restriction, ce qui revient à une déréglementation à l'échelle planétaire.

Il a pour cela propagé la thèse suivante. Les Etats-Unis bénéficieraient d'une sorte d'avantage comparatif dans le domaine des services mais ne pourraient pas le valoriser en raison des multiples barrières protectionistes érigées par leurs partenaires. L'avantage des Etats-Unis résulterait de leur savoir-faire dans la gestion des grandes sociétés de services, des économies d'échelle obtenues par leurs entreprises grâce à la taille de leur marché, de la faiblesse des charges salariales supportées par ces firmes et du dynamisme auquel la déréglementation les a forcées. Les barrières protectionistes sont constituées par les multiples réglementations économiques de l'accès aux marchés. Des enquêtes auprès des chefs d'entreprises américains montrent que ceux-ci les jugent importantes et plus spécialement tournées vers les Etats-Unis.

Il est clair que cette thèse doit être nuancée. Il n'y a pas de raisons vraiment convaincantes pour que les Etats-Unis aient un avantage compétitif plus grand pour les services que pour l'industrie. La dégradation du solde des services en témoigne. Il reste cependant qu'un certain nombre de sociétés américaines sont très compétitives et que la déréglementation a souvent été un stimulant puissant.

B) *Le démarrage des négociations*. — Au début des années quatre-vingts les objectifs et l'argumentation de la « Coalition of Service Industries » ont été repris à son compte par l'administration américaine. Celle-ci a entrepris d'intégrer les services dans le nouveau « round » de négociations commerciales multilatérales prévu dans le cadre du GATT. Son but affiché était d'aboutir à l'établissement pour les services, de grands principes libre-échangistes calqués sur ceux qui régissent le commerce des biens : clause de la nation la plus favorisée, traitement national, tranparence des réglementations, dispositif d'arbitrage... Une fois ces grands principes reconnus, des négociations sectorielles devaient pouvoir être engagées pour les mettre en application.

Les Etats-Unis ont maintenu leur position dans un certain flou sur le problème de la liberté d'établissement. Celui-ci n'avait jamais été abordé par le GATT y compris à propos des marchandises. Il est certain que les Etats-Unis cherchent à obtenir une libéralisation dans ce domaine. Mais les enjeux sont tels, la maîtrise du système bancaire étant par exemple considérée comme un des fondements de la souveraineté des Etats, que les Etats-Unis ont sans doute préféré cacher leur jeu.

Leurs initiatives se sont d'ailleurs rapidement heurtées à une forte opposition de plusieurs pays en voie de développement conduits par l'Inde et le Brésil pour qui il n'était même pas question de parler de services dans l'enceinte du GATT. L'idée d'un GATT-services a d'abord été accueillie avec scepticisme par la CEE malgré le soutien appuyé de la Grande-Bretagne. La France s'est montrée assez réservée au début puis a donné son accord à l'ouverture de négociations sur les services entraînant la Communauté avec elle. Le Japon paraît avoir attendu en marge des débats pour voir quelle orientation ils allaient prendre.

L' « Uruguay round » a finalement été lancé au cours de l'automne 1986 par la déclaration de Punta del Este. Celle-ci prévoit l'ouverture de négociations sur les services dans le cadre du GATT mais en suivant une procédure spéciale. Elle fait état d'objectifs mesurés, la libéralisation des échanges internationaux de services dans le respect des politiques nationales et en coopération avec les organisations internationales compétentes (les organismes gérant les accords multilatéraux existant dans le domaine des transports, télécommunications... que les Etats-Unis souhaitaient souvent tenir à l'écart).

C) *Les perspectives*. — Les discussions ont donc été engagées sur les grands principes qui pourraient servir de cadre à un GATT-services. Elles achoppent fréquemment sur la question de la liberté d'établissement que les Etats-Unis essaient d'introduire avec la notion de « droit d'accès au marché ». De leur côté, les pays en développement tentent de mettre en difficulté les pays occidentaux avec le thème de la libre circulation des personnes. Pour des raisons évidentes (et totalement égoïstes) les nations riches souhaitent limiter le libéralisme dans ce domaine à la libre circulation des personnes très qualifiées. Dans ces conditions, et compte tenu de la complexité intrinsèque de ces problèmes, l'adoption d'un texte important au bout du délai de quatre ans prévu à Punta del Este est peu probable. En revanche, un accord limité aux pays occidentaux et à certains PVD est plus vraisemblable ce que permet la procédure en marge du GATT qui a été suivie.

Les Etats-Unis paraissent à la fin des années quatre-vingts avoir beaucoup moins besoin d'un accord international qu'au début. D'abord, ils ne sont pas toujours prêts à abolir eux-mêmes certaines de leurs réglementations protectionistes (par exemple dans le transport maritime). En revanche, le marché européen, comme on le verra plus loin, leur sera sans doute de toute façon ouvert sans qu'ils aient à en forcer l'entrée. Pour ce qui concerne les autres pays des compromis bilatéraux leur suffiront comme c'est le cas avec le Canada.

Enfin, dans les télécommunications et transports internationaux, les réglementations économiques sont de plus en plus souvent battues en brèche. Les Américains provoquent ce mouvement en ne respectant plus le jeu des accords multilatéraux. Les lignes de transport aérien ou de télécommunications entre les Etats-Unis et certains pays européens qui les soutiennent (Grande-Bretagne,

Pays-Bas) sont ainsi déréglementées de fait. Les prix diminuent et, pour éviter des détournements de trafic (pour appeler New York par téléphone, il est techniquement possible et parfois plus rentable de passer par Londres), les autres pays doivent suivre. Dans le transport aérien toutes les compagnies respectent de moins en moins les accords tarifaires de l'IATA et vendent de plus en plus de billets « réguliers » à des prix « charters » aux « Tour operators ». Dans les télécommunications, la coexistence de satellites de grande capacité et d'équipements d'émission-réception miniaturisés au sol risque de rendre vite caduques toutes les réglementations économiques de l'accès au marché.

IV. — Le grand marché européen des services

Les services sont particulièrement touchés par la création du grand marché intérieur et la mise en application des grands principes que sont la libre prestation de services, le libre établissement, la liberté des mouvements de capitaux. Nous allons examiner les problèmes qui vont se poser dans les services.

1. **Les réglementations techniques.** — Le principe de reconnaissance mutuel s'appliquera naturellement aux services. Pour s'installer en France, une banque britannique pourra se contenter de respecter les ratios prudentiels ou la réglementation du crédit hypothéquaire valables en Grande-Bretagne. Une agence de voyage allemande pourra se contenter d'être agréée en RFA pour intervenir en France.

Toutefois, pour ce qui concerne les services financiers, la sécurité des consommateurs, c'est-à-dire la garantie de récupérer ses fonds fait partie des intérêts fondamentaux qui autorisent les Etats-membres à opposer des réglementations nationales spécifiques à l'entrée de producteurs étrangers. Cette appréciation s'appuie sur un arrêt rendu par la Cour de justice à propos des assurances de masse (automobile, responsabilité civile, assurance vie...) destinées aux ménages. Le libre établissement ou la libre prestation de services ne seront effectifs qu'après l'adoption de réglementations européennes sur ces points sensibles. Des directives sur la banque, les assurances et les organismes de placement de valeurs mobilières sont en voie d'être rapidement adoptées.

Pour beaucoup de services, en particulier les activités libérales, les normes techniques consistent en une obligation de diplôme. C'est le cas pour les médecins, les infirmières, les avocats mais aussi les coiffeurs, etc. L'intégration européenne se fera par la reconnaissance mutuelle des diplômes d'ores et déjà décidée par les instances communautaires. Si un diplôme professionnel est exigé pour exercer un métier en France, l'obtention d'une qualification équivalente, en termes d'années d'étude ou d'expérience pratique, dans un autre pays européen doit être considérée comme suffisante. Cela n'interdit pas, et même devrait encourager, l'adoption d'une réglementation européenne propre à chaque profession qui soit plus exigeante que celle qui prévaut dans le pays le plus souple. Mais en attendant cette harmonisation, c'est le principe de la reconnaissance mutuelle qui prévaut. Cette nouvelle approche aura des conséquences importantes mais ne devrait pas entraîner de grandes migrations de professions libérales en Europe. Celles-ci seront toujours limitées par les barrières culturelles (langue, difficulté de déménager et de s'installer dans un environnement différent...).

2. Les réglementations économiques de l'accès au marché.

● Confrontées au problème des réglementations économiques de l'entrée sur les marchés, les autorités européennes semblent hésiter entre deux attitudes.

Il faut d'abord préciser qu'elles sont seulement compétentes pour les questions relatives au commerce entre Etat. Dans la mesure où une réglementation économique de l'accès à un marché n'opère pas de discrimination entre résidents et non-résidents européens, et où donc ceux-ci ont les mêmes chances d'accès au marché, elles peuvent juger que le commerce inter-Etats n'est pas affecté. Le marché unique ne se traduira alors que par la suppression des obligations de nationalité qui subsistent encore dans les procédures d'attribution des droits d'accès à certains marchés (transports intérieurs par exemple).

Mais cette attitude prudente et compréhensible compte tenu des enjeux présentés par la déréglementation économique de certains secteurs n'est pas tout à fait cohérente avec la logique du grand marché intérieur. Toute réglementation, technique ou économique, de l'accès à un marché est un obstacle aux échanges et l'absence de discrimination vis-à-vis des étrangers ne devrait pas suffire à la légitimer au regard du Traité de Rome. C'est en tout cas la conception qui prévaut pour ce qui concerne les normes techniques. Les lois italiennes et françaises sur la pureté des pâtes alimentaires ne sont pas discriminatoires vis-à-vis des producteurs anglais qui peuvent très bien fabriquer des pâtes comme en Italie ou en France. Mais la Commission considère que les coûts d'adaptation indispensables constituent un obstacle aux échanges et condamne donc ces lois. En toute logique, elle devrait aboutir à la même conclusion à propos, par exemple de la loi Royer qui oblige un distributeur allemand à dépenser des sommes non négligeables (ne serait-ce qu'à travers les frais de gestion) avec un succès incertain pour implanter une grande surface en France.

Les autorités communautaires devraient donc pencher vers cette seconde attitude qui consisterait à remettre en cause ces réglementations économiques de l'accès aux marchés. Elles ne pourraient être admises que si les intérêts fondamentaux des consommateurs l'exigent, c'est-à-dire la santé, la sécurité et l'ordre public actuellement retenus par la Cour de justice auxquels il faudrait ajouter l'existence de monopoles naturels contestables et non soutenables. En revanche, les risques de concurrence destructrice avancés pour justifier la protection de secteurs comme le commerce, les taxis... ne devraient pas être considérés comme un argument suffisant. Il reste que l'adoption franche et systématique d'une telle position serait révolutionnaire et pourrait provoquer des troubles graves dans certains pays. Une déréglementation économique mesurée n'est finalement envisagée que dans deux secteurs dont l'importance est, il est vrai, très grande : les transports et les télécommunications.

● Le Livre blanc de la Commission européenne prévoit une libéralisation progressive du transport aérien dans la Communauté. Un premier ensemble de mesures a été adopté à la fin de l'année 1987. La répartition des capacités de transports entre deux Etats-membres entre leurs compagnies nationales, jusque-là fondée sur le principe d'une stricte égalité, doit être assouplie. Le partage devrait désormais donner lieu à des parts allant de 40 à 60 %. Les administrations concernées n'auront plus le pouvoir de rejeter sans motif sérieux les tarifs proposés par une compagnie. De nouveaux tarifs réduits seront introduits. Sur les liaisons à fort trafic, les Etats pourront désigner plusieurs compagnies concurrentes. Les liaisons entre grands aéroports nationaux d'un pays et aéroports régionaux d'un autre pays seront développées et d'un accès relativement libres. Les droits de cinquième liberté (droit de prendre des passagers dans un pays étranger à destination d'un pays tiers) seront attribués en plus grand nombre. Enfin, les ententes tarifaires entre compagnies sont désormais condamnées au nom des dispositions du Traité de Rome sur les pratiques anti-concurrentielles.

Lorsque ces mesures seront effectives, d'autres seront prises qui autoriseront par exemple le « cabotage » (transports à l'intérieur d'un pays étranger). Dans cette perspective de libéralisation, le problème de la France est de savoir si ses grandes compagnies nationales sont prêtes à affronter cette concurrence. Elles pourraient en effet souffrir de deux handicaps, des frais de personnel excessifs et une exploitation insuffisante des possibilités de coopération entre elles (ces deux points sont au centre des débats).

● Les transports routiers sont encore l'objet de multiples normes techniques qui diffèrent d'un pays à l'autre. Des réglementations économiques en limitent l'accès. En particulier les transports internationaux sont soumis à l'obtention de licences accordées dans le cadre d'un système complexe résultant de marchandages entre Etats-membres. Les tarifs sont pour la plupart contrôlés.

Le régime est en voie de changer rapidement. Les autorisations de transports internationaux devraient être multipliées et accordées dans des conditions plus souples. Le contrôle des tarifs va bientôt disparaître. A terme, le cabotage pourrait être autorisé. Une harmonisation des réglementations techniques (sécurité des véhicules, horaires de travail des chauffeurs) est en cours.

● Les télécommunications sont au cœur de l'Europe des services puisque leur développement conditionne la croissance des échanges transfrontières de services. La Commission de Bruxelles leur a consacré un Livre vert en 1987. Un certain nombre de mesures concernent essentiellement l'industrie des matériels de télécommunication. Nous n'évoquerons que celles qui touchent les services de télécommunications (c'est-à-dire, en général, l'exploitation de ces matériels).

Pour simplifier, les Etats ne pourront conserver de

monopole que pour les services téléphoniques de base. Ils pourront garder la propriété exclusive des installations de transmission (sauf pour les transmissions par satellites) mais devront les mettre à la disposition des prestataires de service qui le demandent *(open network)*. La production de services « à valeur ajoutée » devra être totalement libre. Les activités de réglementation et d'exploitation de réseaux devront être séparées au sein des administrations. Les normes nationales d'accès au réseau devront être harmonisées.

Ces propositions constituent une tentative de compromis entre une nécessaire déréglementation d'un secteur où il faut « libérer » des initiatives foisonnantes souvent innovatrices et le maintien d'une réglementation économique de l'accès à un marché qui pourrait avoir quelques caractéristiques d'un monopole naturel, du moins à une échelle régionale. Ce caractère de monopole naturel pourrait même être renforcé avec le développement des réseaux numériques à intégration de services (les RNIS, réseaux où les transmissions sont numérisées et dont les fonctions sont multiples). Pour les adversaires de la déréglementation, ces réseaux, dont l'installation représente un très gros investissement, ne pourront être rentables que dans le cadre d'un monopole sur l'ensemble des télécommunications permettant de tirer profit des économies d'échelle et d'envergure. Or, s'il n'est pas réglementé, ce monopole sera très contestable et non soutenable dans les conditions actuelles de tarification. Les meilleurs créneaux seront écrémés au détriment des RNIS publics. Or, les propositions du Livre vert risquent d'être insuffisantes pour défendre ces RNIS, d'autant plus qu'il sera techniquement très difficile d'empêcher la pénétration du marché téléphonique de base par des opérateurs privés.

Le débat sur l'existence de monopoles naturels contestables dans ce secteur est encore ouvert mais on peut répondre à ces objections en reprenant au moins le dernier argument. Les réglementations économiques dans ce secteur seront de toute façon impossibles à contrôler pratiquement à l'avenir (avec par exemple l'apparition de satellites de grande puissance et d'équipements d'émission-réception miniaturisés au sol). Dans ces conditions, il est sans doute préférable de laisser au marché le soin de déterminer la meilleure structure et de s'adapter rapidement à un environnement concurrentiel.

• Le Livre blanc ne prévoit quasiment rien pour les autres services protégés par des réglementations économiques : « professions fermées », pharmacies, services funéraires... Les remises en cause éventuelles ne pourront venir que de la Cour de justice. Celle-ci a déjà fait preuve d'une vision extensive et « libérale » des dispositions du Traité de Rome en condamnant au moins partiellement des pratiques de prix minimaux imposé par des réglementations et assimilables à des restrictions de l'accès au marché (distribution de l'essence, du tabac, du livre).

La Cour n'a cependant pas encore pris de position claire et définitive sur les réglementations directes de l'entrée, par exemple les systèmes de numerus clausus. Bien qu'elle soit sans doute fondée à les remettre en cause, il n'est pas du tout sûr qu'elle aille plus loin que la condamnation des discriminations manifestes vis-à-vis des producteurs étrangers. La réponse viendra peut être quand par exemple des groupes comme Boots ou Sotheby essaieront de forcer les marchés français de la distribution pharmaceutique ou des ventes aux enchères.

3. **La suppression des frontières fiscales.** — Le nouveau mécanisme de prélèvement de la TVA affectera le commerce et les services donnant lieu à des échanges transfrontières. Les consommateurs arbitreront en effet en fonction des prix TTC entre les magasins ou les prestataires de services de pays différents pour des produits identiques. Or le maintien, prévu par la Commission, d'écarts allant jusqu'à 6 points entre les taux de TVA risque d'introduire d'importantes distorsions de concurrence.

Les frontaliers feront leurs achats dans le pays où les taux sont les plus bas. Tous les ménages iront dans ces mêmes pays se procurer les biens les plus coûteux (automobiles...). Les sociétés de vente par correspondance s'y installeront ainsi que les prestataires de services transfrontières lesquels seront de plus en plus nombreux. La nouvelle « concurrence fiscale » ainsi instaurée pénalisera les services plus spécialement taxés en France (Assurances...).

Mais le tableau ne doit pas être exagérément assombri pour au moins deux raisons. D'abord, les différences de prix hors taxes sont déjà grandes et pourraient déjà inviter les Français à faire en masses certains achats à l'étranger ce qu'ils ne font pourtant pas systématiquement. Ils le feront seulement un peu plus à l'avenir. Les écarts de prix TTC sont aussi importants entre régions françaises. Ce n'est pas pour autant que les ménages achètent systématiquement dans des régions différentes en fonction des prix. Cela peut être dû aux coûts de transports, à une mauvaise information ou aux pratiques de différenciation des firmes. Ensuite, un surcroît de charges fiscales, ou de toute autre nature, peut être compensé d'un point de vue global et macro-économique par un ajustement du taux de change (encore faut-il que les changes ne soient pas trop rigides). Cependant, il est vrai que cela entraînera une redistribution des avantages des différents secteurs, en termes de compétitivité, selon le taux des taxes indirectes.

Autrement dit, les Français n'iront pas tous s'assurer à Londres en 1993 et si beaucoup s'y rendront les raisons n'en seront pas seulement fiscales (des rapports de 1 à 2 ou 3 entre les primes d'assurance auto de certaines mutuelles et de certaines grandes compagnies suggèrent que ces dernières ne souffrent pas seulement d'une fiscalité trop lourde). Il reste que le système fiscal proposé par la Commission entraînera des bouleversements qui ne seront pas nécessairement opportuns ce qui explique les critiques dont il est l'objet. Il nécessite en effet une harmonisation minimale des fiscalités indirectes qui n'ira pas sans difficultés. Il peut donc être utile de réfléchir à d'autres solutions comme celles qui ont été proposées par M. Laure, le « créateur » de la TVA.

4. **L'intégration financière.** — Les services financiers seront peut être les plus touchés par l'instauration du grand marché unique. La décennie quatrevingts aura été marquée pour eux par le passage d'une économie d'endettement caractérisée par une régulation administrative des marchés à une économie concurrentielle de plus en plus ouverte sur l'extérieur. A l'horizon 1992, la libre prestation de services, le libre établissement et la libre circulation des capitaux devraient être totalement assurés. Cela veut dire que chaque Français pourra prêter, emprunter, acheter des conseils ou faire gérer ses moyens de paiements auprès de n'importe quel établissement installé dans n'importe quel pays. Pour garantir la sécurité financière des consommateurs, une réglementation technique européenne est en cours d'élaboration. Elle débouchera sur des normes communes, contrôlées par le pays d'origine des établissements, et l'attribution d'une licence bancaire unique valable pour tout le marché commun.

Les services financiers seront confrontés, comme les autres services, aux problèmes induits par les différences de poids de la fiscalité indirecte entre pays. La fiscalité de l'épargne sera une autre source de distorsion de la concurrence. Dans de nombreux cas les Français pourront trouver intérêt à placer leur épargne dans un autre pays en bénéficiant du statut fiscal de non-résident. Si l'on veut éviter une délocalisation de l'épargne, une harmonisation européenne des régimes fiscaux de l'épargne et des procédures coopératives de contrôles fiscaux sont indispensables. Il n'y a pas là non plus à craindre de mouvements de très grande ampleur. Mais il reste que, même s'ils sont marginaux, ces déplacements de l'épargne peuvent déstabiliser la politique économique française.

5. **Le problème des relations commerciales avec l'extérieur.** — Le marché commun des marchandises est accompagné d'une politique commerciale commune vis-à-vis des pays tiers (tarif douanier commun...). Il n'existe rien de pareil pour les services et, les dispositions du Traité de Rome sur ce sujet ne sont pas claires. Or, les principes de la libre prestation de services et du libre établissement recèlent des risques importants. En effet toute filiale d'une société de services américaine ou japonaise dans un pays européen acquiert automatiquement la nationalité de ce pays. Elle peut alors bénéficier des droits à la libre prestation de services et au libre établissement et essaimer dans toute l'Europe. Il suffit qu'un seul pays serve de « Cheval de Troie » aux firmes américaines et japonaises qui s'intéressent de plus en plus au grand marché intérieur pour que celui-ci soit complètement ouvert sur l'extérieur. Un accord sur les services au GATT ne sera plus nécessaire pour les Etats-Unis.

Si le Traité de Rome n'est pas très clair sur les pouvoirs de la Commission européenne dans ce domaine, la jurisprudence de la Cour de justice devrait permettre l'élaboration d'une politique commerciale commune. Il reste que les Européens sont divisés sur ce sujet et que les Etats-Unis et le Japon réagissent vivement chaque fois que la CEE fait mine de vouloir négocier l'ouverture de son marché. Les autorités européennes devront pourtant trouver une voie appropriée entre l' « Europe-forteresse » et l' « Europe-passoire ».

CONCLUSION

Les services représentent et continueront à représenter pendant longtemps la seule source importante d'emplois nouveaux. Cette tertiarisation inexorable de l'emploi dans nos économies développées ne résulte pas d'un déplacement de la consommation des ménages vers les services au détriment des biens matériels. Elle tient d'abord à une modification des méthodes de production et de vente, aussi bien dans l'industrie que dans le tertiaire lui-même. Les produits proposés sur le marché exigent de plus en plus d'investissements immatériels et leur valeur intègre pour une part toujours plus importante des services qui permettent de les différencier. La tertiarisation de l'emploi est aussi la conséquence de l'infériorité des gains de productivité réalisés dans les services par rapport aux autres activités.

Les effectifs du tertiaire augmentent donc naturellement plus vite que ceux des autres secteurs. Mais leur rythme de croissance est lié à celui de l'ensemble de l'économie. Le tertiaire ne peut pas connaître un développement tout à fait autonome. Les comparaisons internationales montrent toutefois que pour un même taux de croissance du PIB, la progression de l'emploi dans les services, peut varier sensiblement d'un pays à un autre. Il y a donc des possibilités de croissance plus riche en emplois. Les marges de manœuvre sont étroites et l'impact des mesures qui pourraient être prises n'aurait rien de miraculeux.

Elles n'en sont pas pour autant à dédaigner. On pourrait ainsi envisager de favoriser, par le biais de la fiscalité, une substitution de services à fort contenu en emplois et faible contenu en importations à des biens à faible contenu en emplois et fort contenu en importations.

Mais c'est la faiblesse des gains de productivité dans les services qui différencie le plus un pays comme les Etats-Unis dont les performances en termes de créations d'emplois sont remarquables.

Il est clair qu'une réduction des gains de productivité réalisée dans les services serait favorable à l'emploi. Le problème est de savoir comment y arriver. La méthode la plus simple consisterait à renforcer toutes les réglementations économiques de l'entrée sur ces marchés, voire à en instaurer de nouvelles. Les secteurs concernés risqueraient alors d'être assez rapidement frappés d'ankylose économique. Les gains de productivité seraient plus faibles, mais la croissance de l'activité aussi. Pour prendre un exemple caricatural, l'Albanie n'a enregistré ni chômage, ni inflation, ni déficit extérieur pendant quarante ans. Elle n'a pas non plus connu le moindre développement économique.

En tout état de cause, la France est partie prenante à des organisations internationales qui la conduisent dans un sens diamétralement opposé. Il n'est pas sûr que le GATT soit enrichi à moyen terme de dispositions consistantes relatives aux échanges internationaux de services. Mais le grand marché intérieur européen, en dépit d'inévitables retards, est en voie d'être réalisé. Il constitue un véritable programme de déréglementation économique des marchés de services.

On peut se demander si cette libéralisation du commerce des services ne se fera pas au détriment de l'emploi à travers une augmentation des gains de productivité. On peut d'abord répondre qu'elle permettra une reprise de la croissance dont les effets bénéfiques sur l'emploi seront plus forts. Mais, comme le montre l'exemple américain, en particulier dans le commerce, il est aussi très probable que les sociétés de services européennes, placées dans un environnement nettement plus concurrentiel, comprendront, pour beaucoup d'entre elles, que la survie ou la croissance appellent des stratégies de différenciation par les services. Or, l'adoption de telles stratégies par les entreprises est un facteur essentiel de la croissance de l'emploi dans le tertiaire. Cela se traduit statistiquement par de moindres gains de productivité.

Mais pour qu'une telle politique soit suivie par les firmes encore faut-il qu'elle ne soit pas contrecarrée par un contrôle administratif contraignant sur les prix. Que la libération des prix des services ait été suivie par une accélération des créations d'emplois associée à une baisse des gains de productivité ne procède sûrement pas du hasard. Il faut aussi que l'offre de ces services soit rentable ce qui conduit à s'interroger sur le niveau des rémunérations dans les branches concernées. Aux Etats-Unis, le faible niveau et la faible croissance des salaires dans des secteurs comme le commerce ou la restauration constituent une assez bonne explication de la faiblesse des gains de productivité et de l'importance des créations d'emplois. Le prix de ces services reste acceptable pour l'Américain moyen. Une forte dispersion des salaires est très vraisemblablement un facteur favorable à une croissance plus riche en emplois de services.

BIBLIOGRAPHIE

CEPII, Les services, *Revue d'économie prospective internationale*, numéro spécial, Paris, La Documentation Française, 1986.

Commission des Communautés européennes, 1992, la nouvelle économie européenne, *Revue Economie européenne*, n° 35, Luxembourg, mars 1988.

Ecalle F., La révolution tertiaire aux Etats-Unis, *Notes et Etudes documentaires*, n° 4814, Paris, La Documentation Française, 1986.

Gibert E., *Analyse comparée de l'évolution des services dans les grandes nations occidentales*, Paris, La Documentation Française, 1987.

OCDE, *Déréglementation et concurrence dans le transport aérien*, Paris, Rapports de l'OCDE, 1988.

Ungerer H., *Télécommunication en Europe*, Luxembourg, Office des publications officielles des Communautés européennes, 1988.

Collectif, Le dynamisme des services aux entreprises, *Revue d'économie industrielle*, numéro spécial, Paris, 1988.

TABLE DES MATIÈRES

Imprimé en France
Imprimerie des Presses Universitaires de France
73, avenue Ronsard, 41100 Vendôme
Octobre 1989 — N° 35 404